Magic Hour

후원 : 서울특별시 서울문화재단

Magic Hour

백선욱 수필집

| 작가의말 |

사랑이 머물다 간 시간들

아이가 아이였을 때/팔을 휘저으며 다녔다/시냇물은 하천이 되고/하천은 강이 되고/강은 바다가 된다고 생각했다/아이가 아이였을 때/자신이 아이라는 것을 모르고/완벽한 인생을 살고 있다고 생각했다 -페테 한트케

영화 〈베를린 천사의 시〉의 시작. 알스 다스 킨트 킨트 바Als das Kind Kind war… . 펜으로 써 내려가는 한트케의 시를 읽어주던 부드러운 목소리가 가끔 귓전을 울린다.

아이를 유난히 좋아했던 그. 그는 영화를 보며 자신의 유년을 생각한다. 아이가 아이였을 때를. 아이는 청년이 되고 어느새 점점 하얗게 변해가는 귀밑머리를 바라보는 노인이 되어 가는 중이다.

그리고 지금, 삶의 순간마다 나이테처럼 새겨진 기억들을 소환한다. 내게는 소중한 마법의 시간들. 그 시간에 머물고 있던 나를 둘러싼 많은 이들의 사랑. 때를 놓친 깨우침 속에 늦게라도 글쓰기를 배운 것은 잘한 일이라는 생각을 한다. 지난날과 다가올 날의 경계에서 변한 것은 겉모습만이 아님을 생각하며….

1

미완의 숲

무엇이든 '우연히' 발견되고, '우연히' 시작되는 것은 없다. 사람이 무언가 간절히 원하는 것이 있다면 그것은 이루어진다. 우리를 둘러싼 모든 것이 나를 얽매어 오더라도, 자신의 내면에 귀 기울이고 집중해야 한다. 우리들 마음속에는 모든 것을 알고 모든 것을 원하고, 우리들 자신보다 더 잘 해내는 누군가가 들어있다는 사실을 인식해야 한다.

– 헤르만 헤세 《데미안》

폭우다. 기습적으로 내리던 비가 이제는 밤낮을 가리지 않는다. 여기저기 수해 상황에 대한 보도가 온 매체에 가득하다. 장맛비에 태풍까지 뒤섞여 32층 유리창을 흔들고 있다. 바람 소리를 들으며 커피를 끓인다. 눅눅한 마음이 조금 풀릴까 하여 커피잔을 들고 서재를 서성인다. 사놓고 아직 읽지 않은 책들, 언제부터 꽂혀 있었는지 낯선 것도 보인다. 그러다 《데미안》이 눈에 들어왔다. 몇 년 전 헤르만 헤세 탄생 140주년 기념 초판본이라 해서 설레는 마음으로 구입하고는 까맣게 잊고 있었다. 이미 젊은 시절에 읽었던 책이라 새로 식구가 된 책들에 순위가 밀려 있었나 보다. 《데미안》, 어쩌면 《데미안》을 읽었던 40여 년 전 당시의 기억이 떠오를까 무의식적으로 외면했는지도 모르겠다.

책을 좋아하던 소년기, 누이 책상 위에 놓여있던 《데미안》은 내가 읽었던 다른 책들과는 사뭇 달랐다. 스멀스멀 가슴으로 들어와 자리 잡는 낯설고 강렬한 단어들. 알 수 없는 신비와 동경, 그리고 열망을 자아내는 문장들로 정신이 아득해지곤 했다. 그다지 어른 세계에 호기심이 없었음에도 아브락사스로 각인되는《데미안》은 나의 사춘기를 뒤흔들어 놓았다. 마력이었다.

누구나 행복한 시절의 기억이 있을 것이다. 아니라면 행복한 순간의 기억 정도는 있으리라 생각한다. 사실 행복이라는 각진 표현은 어울리지 않지만, 데미안이 가슴을 지배하던 시절의 나는, 지나온 어떤 때보다 따뜻하고 편안한 공기 안에 있었다. 모범생이던 나에게 집과 학교는 견고하지만 안온한 공간이었다. 아직은 '상실'이라는 고통스러운 경험을 하지 않았기에 광풍과도 같은 사춘기의 고뇌는 책 안의 이야기일 따름이었다. 하지만 그 시기를 생각하면 마냥 좋지만은 않다. 바로 맞닿아 찾아온 불행의 그림자 때문이다. 항상 부드럽고 듬직한 아버지는 사업 실패로 건강과 표정을 잃었고, 지혜롭고 자상한 큰누이가 의료사고로 생명을 잃었다. 집에 빨간색 딱지가 붙으면서 우리 가정은 추스를 새도 없이 빠른 속도로 무너지기 시작했다. 추락의 공포, 나로서는 감당할 수 없는 세계에 갇혀 버린 것 같았다. 비상구 없는 절박함, 그렇게 내 사춘기의 마지막은 혼란스럽게 지나갔다.

《데미안》을 처음 읽을 때 나는 에밀 싱클레어였다. 그 아이처럼 사랑과 인생의 가치를 학습하고 성장통을 앓으면서 어른이 될 줄 알았다. 하지만 밝음과 어둠으로 대별되는 두 세계 앞에서 나는 의지나 노력으로 맞서지 못했다.

쏟아지던 폭우가 잠시 멈췄다. 공원을 조성하는 건너편 작은 언덕이 산뜻한 녹색으로 눈에 들어온다. 나무들은 웬만큼 자리 잡았고, 남은 진입로 공사가 한창이던 곳이다. 혹시나 했는데 다행히 비 피해는 없어 보인다. 계절이 바뀌면 시민의 휴식처로서 자리매김할 것이다. 부디 잘 견뎌주기를.

"우리의 깨달음은 결국 각자의 삶과 각자의 일 속에서 길어 올려야 할 것입니다. 그나마도 단 한 번의 깨달음으로 얻을 수 있다는 결연함도 버려야 할 것입니다. 모든 깨달음은 오늘의 깨달음 위에 다시 내일의 깨달음을 쌓아 감으로써 깨달음 그 자체를 부단히 높여 나가는 과정의 총체일 뿐이리라 믿습니다."

-신영복《더불어 숲》

신영복 교수의 문체는 겸손함과 따뜻함을 지녔다. 데미안을 다시 책장에 꽂고 신영복 교수의 기행문 '더불어 숲'을 꺼내 책을 펼친다. 이 책은 여행을 통해 과거와 미래의 중심에서 떠남과 만남의 의미를 부여하고 인생의 여정에 희망적 해법을 내놓는다. 스페인의 우알바 항구에서 시작되는 시공을 넘나드는 여행이 중국의 태산에서 멈출 때야 비로소 나도 숨을 고른다. 도시마다 이야기가 넘쳐난다. 한때 잠시나마 나 역시 그 도시의 물과 음식을 먹고 그곳의 사람들과 함께했던 장소가 나올 때면 반갑기도 하고 길거리의 풍광과 떠다니는 냄새, 오가는 사람들 모습이 겹쳐 추억의 창고가 열리기도 한다. 그도 잠시 인간의 본질에 대한 묵직한 사색의 화두가 울리고 세상 속의 '나'라는 존재에 대하여 생각한다. 그리고 나의 생각은 어느새 신영복 교수가 길게 그어놓은 선을 따르고 있다.

창천불부고심인蒼天不負苦心人이란 말이 있다. 하늘은 스스로 돕는 자를 돕는다는 말이다. 내게 '데미안'이 어른이 되기 위한 참고서였다면, '더불어 숲'은 인간이 되기 위한 지침서가 아닌가 한다. 아직도 알 수 없는 인생의 진리, 참된 가치의 삶이 의미하는 정체성은 무엇일까. 내면의 자아는 종교적 의미를 떠나 절대적인 존재의 영향력 속에 있으며, 성찰의 중심은 자신에 의해 완성되어 가는 것이겠지. 세상이라는 커다란 숲의 땅에 뿌리박은 한 그루 나무처럼 '우리'라는 사람들과 더불어 서서.

낙원의 밤

저 밤에
저 밤에 나는 밤과 한 몸이 되었네
무한한 저 밤과
저 밤과,
나의 밤, 아름다운 나의 밤. -앙리 미쇼 〈밤〉

아름다운 빛들이 춤추는 밤하늘 아래, 산들이 둘러 만든 분지에 다소곳이 들어선 작은 마을이 있다. 조금 전 교회당 불이 꺼졌다. 신에게 소리쳐 간구하던 이들도 모두 집으로 돌아갔다. 신부님은 지친 자신의 어깨를 주무르며 시큼한 와인 한 잔을 곁들인 늦은 저녁 식사를 준비하리라. 호박빛 불 켜진 조용한 집에는 일과를 마친 가족들이 작은 테이블에 둘러앉아 힘겨운 하루를 이야기하겠지. 젖을 뗀 지 오래지 않은 막내는 나무 침상에서

쌔근거리며 꿈속의 어린 친구들을 만나고 있을 것이다. 위로와 휴식의 시간. 베토벤의 월광이 밤을 타고 흐른다.

잠 못 이루는 번민의 밤. 고흐의 '별이 빛나는 밤'을 만난다. 고흐의 밤에는 거센 바람이나 폭우, 살을 에는 눈보라가 없다. 살아있는 밤, 달과 별들이 빛으로 만들어낸 강한 파동이 어둠을 밀어내는 밤이다. 힘찬 에너지가 충만한 밤. 신비로운 밤의 기운이 온 세상을 감싼다. 숲과 개울 뒤 작은 산에는 요정들이 기지개를 켜고 다가오는 계절을 준비하고 있다. 달빛을 껴안은 작은 시냇물은 마을 어귀 작은 다리 밑으로 조용히 흘러간다. 현자 올빼미의 수업을 듣는 고라니의 눈망울에도 별빛이 반짝인다. 밤의 지배에서 벗어난 달과 별, 숲속 요정들의 작은 속삭임은 첫닭이 우는 그때까지 이어질 요량이다.

32층 거실에 걸린 고흐의 그림, 그 아래의 세상도 여전히 깊은 밤이다. 불빛으로 가득하던 고속도로에도, 나들목 진입로에도 차들이 별로 보이지 않는다. 불현듯 나는 앙리 미쇼의 시구절처럼 무한한 밤의 힘과 한 몸이 된다. 쇼팽의 녹턴 Op. 9-2. 별빛을 실은 빗줄기가 마음속 마음에 파문을 일으킨다.

밤 12시는 어린 나에게 가슴 조이는 불안과 두려움을 안겨주는 시간이었다. 언제나 불면의 분기점은 자정이었다. 수박을 많이 먹은 날은 여지없이 아랫배를 찌릿하게 조여오는 요의에 눈을 뜬다. 그럴 때마다 시계는 어김없이 12시를 가리키곤 했다. 당시 인기 라디오 드라마 '전설 따라 삼천리'를 비롯한 대부분의 이야기나 영화 속에서 자정은 공포의 시간으로 들어가는 초입의 문이었다. 시계의 시침과 분침이 숫자 12에서 합쳐지면 종소리와 함께 소복을 입은 여인이 나타난다. 입에 칼을 물고 있거나 선혈이 낭자한 모습이다. 그런 환영을 겪어 본 적이 없는 데도 나는 자정의 종소리가 오랫동안 두려웠다.

중학생이 될 무렵, 한밤의 친구가 생겼다. 우연히 학생 과학이란 잡지에서 라디오 만드는 방법을 발견했다. 다음날 종로 세운상가에서 광석라디오 키트를 구입해 조립을 시작했다. 며칠 천신만고 끝에 잡음 사이로 라디오 방송이 잡힌다. 0시의 데이트, 밤을 잊은 그대에게, 한밤의 음악 편지…. 그 후로 음악은 소니 트랜지스터라디오, 세이코 카세트, 인켈 하이파이, 워크맨으로 기계를 바꿔 가며 불면의 밤에 동반자가 되어 주었다. 더이상 밤은 두려움의 대상이 아니었다. 끝없는 상상의 세계와 다양한 장르의 음악이 온 밤을 채웠기 때문이다.

풀 끝, 나뭇잎에서 떨어진 한 방울 이슬의 여정에서, 발키리의 거대한 파도를 몰고 오는 천마들의 위용까지 가슴을 울리는 바흐 토카타와 푸가 D 단조. 이제 와 청춘이라고 회상하는 그 시절을 떠올린다. 대낮 같은 촬영장의 조명과 모니터의 불빛 앞에서 지샌 숱한 날들…. 하지만 일에 묻혀 아침까지 열정이 함께한 불면의 밤 속에서 한순간이라도 평온했던 순간은 기억나지 않는다. 극도의 긴장 속에서 일 외에는 아무것도 생각할 여유가 없었기 때문이다.

귀밑에 돋은 하얀 머리카락을 무심히 바라본다. 선인들은 마음이 젊으면 아직 청춘이라던데. 이제는 굴복하여 젊음에서 손을 놓을 때가 된 것인가. 하지만 조울증처럼 극과 극을 달리는 나의 불면은 지금도 계속되고 있다. 청춘의 밤처럼 별로 달라지지 않은 생각의 요동들. 다가올 날들에 대한 걱정을 팔자소관으로만 치부하기는 싫다. 다만 이제는 밤이 주는 침묵의 소리에 귀 기울여야겠다는 생각이 든다. 어두운 감성의 늪에서 걸어 나와 명멸하며 스쳐 가는 지혜의 메시지들을 수신해야겠다고.

G 선상의 아리아가 미명을 밝힌다. 밤이 엷어지고 있다. 푸른 대기 속에 바지런한 새는 깃을 칠 것이다. 새벽을 깨우는 사람들의 건강한 헌신이 길목을 채워간다. 고속도로에도 차들이 늘고 있다. 새날을 위해 끝없이 에너지를 만들어 준 밤은 이제 이울고 있다. 잠시 후 찬연히 떠오르는 맑은 태양의 난란함 속에 내가 사는 낙원에는 새 아침이 밝아 올 것이다.

햇빛 여행

얼마나 오랫동안 떠나지 못한 것일까. 하는 일이 풀리지 않거나 가슴에 꽉 얹힌 사랑으로 힘이 들 때면 어디로든 무조건 떠나야 한다. 중독이다. 낯선 공기 속에 녹아있는 벅찬 자유, 가슴이 훤하게 열리는 상쾌함, 발에 밟히는 길의 촉감….

여행을 하는 동안 새로운 환경에 감각이 열려 상황에 집중하게 된다. 그럴 때면 출발지에 두고 온 그 어떤 것도 기억나지 않는다. 내게 여행은 시한부 현실 지우개였다. 그런데 어느 순간부터 일상으로 다시 돌아오는 과정이 너무나 힘이 들었다. 오히려 떠나기 전보다 가슴이 무거워지고 갑갑함이 어깨를 짓눌러 대서 한동안 괴로워해야 했다. 여행 후유증은 아이러니하게도 여유를 찾기 위한 떠남 자체를 방해했고 거의 만 2년을 아무 곳도 갈 수 없었다. 그러나 언제까지 주저앉아 있을 수는 없다. 이제는 한계를 넘어서야 한다. 가까운 곳부터 시작해야지. 일단 부딪혀 두려움과 싸우려면 스스로에게도 합당한 이유를 만들어야 했다. 그래, 오랜만에 아버지가 계시는 선산에 다녀오자.

주말 아침의 서해안 고속도로는 정체가 심했지만, 마음은 시간이 갈수록 여유로워지고 있었다. 창문을 열고 달려드는 갯바람을 온몸으로 받으니 잊고 지낸 아버지의 냄새가 떠오른다. 하얀 사기병에 날아갈 듯 파란 범선이 그려져 있는 올드스파이스 스킨. 면도 후, 아직 꺼끌꺼끌한 턱을 질색하는 어린 내 볼에 비빌 때면 뺨에 은은하게 묻어나는 향기. 어른 남자의 믿음직하고 편안한 느낌이었다. 그 냄새가 그립다. 어느새 서천에 도착했다. 인사를 드리고 묘소에 앉아 내려다보니 소나무 숲 아래로 펼쳐진 저수지가 수묵화처럼 다가온다. 아버지의 두툼한 손이 어린 내 어깨를 감싸주는 듯 든든하다. 오후 햇살에 은색 비늘처럼 반짝이는 물빛을 보며 두 번째 목적지로 향한다.

안면도에 도착해 낙조가 잘 보이는 식당부터 정했다. 혹시라도 해가 떨어지는 장면을 놓칠까 해서다. 일부러 카메라는 차 안에 두었다. 귀찮기도 하고 눈으로 머리로 가슴으로만 이날의 해를 기억하고 싶었다. 예상대로 간단한 요기를 하는 중에 해가 지기 시작한다. 하늘은 와인에 취한 듯 붉은빛으로 물들어가고 바다는 순식간에 커다란 해를 삼키고 있다. 내 가슴의 응혈도 바다에 같이 던져 버린다. 그리고 잠시 후. 나의 탁기로 인해 오염된 바다는 검푸른 빛을 내뿜으며 밤을 철썩인다. 잊고 있던 파이프 담배에 불을 붙여 해풍에 섞어 들이킨다. 샴페인에 담가 숙성, 건조 시킨 담배 향이 가슴 속 바닥까지 내려앉는다. 커피 한 잔을 마신 후 다시 차에 올라 시동을 건다.

해 뜨는 동해를 향해 밤의 도로를 쉼 없이 달렸다. 경포대에 도착하니 새벽 한 시. 날이 샐 때까지 잠시 차에서 눈을 붙였다. 알람 소리에 눈을 떠보니 아직 어스름하다. 몇몇 사람들이 새벽공기를 마시며 바다를 응시하고 있다. 나도 모래사장에 자리를 잡고 밝아오는 해를 기다린다. 미명의 바다가 주는 감동은 늘 새롭다. 잠시 후 장중한 서곡의 환청 속에서 솟아오르는 커다란 해를 본다. 그 순간 그곳에는 바다 위의 태양과 백사장 위의 나만이 시선을 맞추고 있는 것 같다. 어떤 생각이나 바람도 없이 그저 찬란하게 햇살을 펼쳐내는 태양만 바라본다. 먼바다 위에 올드스파이스의 파란색 범선이 떠 있고 가슴을 휘젓는 머스크향이 물살을 타고 번져나간다.

돌아오는 길은 충전이 끝난 배터리처럼 포만한 기쁨으로 차 있었다. 그런데 한계령에서였다. 양양에서 이미 연료경고등이 점멸하기 시작했는데도 한계령 정상에 있는 휴게소가 기억나 크게 신경 쓰지 않았다. 그런데 이럴 수가. 도착해보니 한계령 휴게소에는 주유소가 없다. 큰 착각이다. 체크해보니 잔유로 갈 수 있는 거리는 0km.

한계 '0'.

기가 막힌 상황이다. 모든 위기에는 전조가 있지만 늘 무심히 스쳐 지나치기에 문제가 커진다. 그러나 이미 햇빛에너지로 가득 채워진 내게는 무지의 용기만이 넘친다. 차가 서버리면 그때 레커차 신세를 지리라 마음먹고 무조건 출발을 감행했다. 내려가는 길 내내 엔진을 끄고 타력 주행을 계속한다. 구부러진 모퉁이를 돌 때마다 복병처럼 위험이 숨어있고 다른 차들은 차선을 추월하며 긴 클랙슨을 울려댄다. 미안했지만 다른 방법도 없고 다만 차가 흔들리지 않게 핸들을 꼭 움켜잡는다. 주유소까지 4km. 내려가는 길은 지난 하루하고도 반나절 꼬박 달려온 거리보다도 더 길게만 느껴진다. 드디어 주유소다. 나도 모르게 안도의 한숨이 새어 나온다. 연료탱크가 시원하게 채워지는 것을 바라본다. 태연한 척했지만 뭔가 큰 모험이라도 해낸 것 같아 밀려오는 뿌듯함을 감추기 힘들다.

아버지의 향기와 함께 바다로 숨은 해의 궤적을 좇았던 여행이었다. 남으로 북으로 동으로 다시 서로. 이틀의 빡빡한 일정과 작은 깨우침. 우연이든 필연이든, 작건 크건, 여행에서는 늘 어떤 한계상황과 마주친다. 그럴 때마다 극복의 지혜를 체득하거나 포기나 실패를 통해서라도 깨달음은 얻는다.

작은 난관을 넘어 돌아온 지금, 다시 긴 여정의 여행에 도전하고 싶은 의지가 새록히 일어난다. 더는 여행 후유증에 대한 두려움도 없다. 커튼 사이로 들어온 아침 햇빛이 물이 반쯤 담긴 컵을 투과하며 방안에 너울을 만든다. 아버지 자전거 안장 앞 작은 보조 의자에 앉아 있던 어린 시절의 그날처럼 의자에 편안히 몸을 맡긴다. 감은 눈에 눈 부신 햇살이 닿아 온 세상이 하얗다. 아침의 고요 속에서 한동안 어깨에 머물던 아버지의 손길과 익숙한 올드스파이스 향기가 아스라이 사라지고 있다.

흔들리는 오후

살아있는 것은 모두 흔들린다/ 단 한 번이라도/ 뜨거운 사랑을 해 본 사람이면/ 그 흔들림이 무엇인가를 안다/ 그 어지러움이 무엇인가를 안다/ 그대가 머물다 간 자리에/ 바람이 불어와도/ 넘어지고 쓰러지는 것에/ 덤덤해지고 무뎌진다/ 살아있는 모든 것은 다 흔들린다.

−오창극 《살아있는 모든 것은 다 흔들린다》

습기를 잔뜩 머금은 바람이 화단을 스친다. 산수국의 여린 꽃술은 중심 잡기에 여력이 없다. 하지만, 바람에 부대끼는 것이 아니라 몸을 맡긴 채, 흥을 타는 것처럼 보인다. 흔들리는 색들이 섞였다가 풀리기를 계속한다. 잠시 눈을 감고 열기에 섞인 달짝지근한 꽃향기를 느껴본다.

향기는 기억을 소환하는 힘이 있다. 내가 누구인지 여기는 어디이며 나는 무엇을 하고 있는 것인지…. 어쩌면 이미 다 아는 일이고 사춘기 때에

나 해 보았을 생각일 텐데 수십 년이 지나도 역시 아무것도 대답할 수가 없다. 또 한차례 꽃향기가 목에 걸린다. 불현듯 내 몸의 중심이 소리 없이 허물어진다. 휘청거리는 다리에 애써 힘을 주어본다.

젊었던 시절, 운 좋게 당시 우리나라 최고의 광고 기획사에 입사했다. 건강검진까지 잘 통과하고 최종 면접은 일이 많아 연기되었다. 일단 사장님 면접은 형식적인 절차이니 먼저 업무에 합류하라는 인사명령을 받았다. 두 달 반을 밤낮없이 촬영장에 있다가 갑자기 면접이 잡혔으니 집에 가서 옷을 갈아입고 다시 출근하란다. 허겁지겁 집으로 달려갔다. 오래간만에 들른 집은 여전했다. 삼양동 꼭대기 산자락 한 지붕 밑에 네 가구가 모여 사는 무허가 판잣집. 하지만 내게는 스위트 홈이다.

방문을 활짝 열고 반기는 어머니의 얼굴에 반가움과 걱정이 가득하다. 밥을 해준다는 말에 시간 없다고 나가려던 순간이었다. 쌀독이 눈에 띄었다. 설마 했던 우려는 현실이었다. 쌀독은 거의 바닥이 드러나 보였다. 회사에 와서도 빈 쌀독이 마음에서 떠나지 않았다. 면접은 예상대로 순조로웠다. 사장님을 비롯한 이사진의 여러 질문에 소신껏 대답했다. 그분들의 만족스러운 표정과 함께 입사 결정을 듣고 밖으로 나왔다. 거기서 멈추었어야 했다.

나는 다시 중역회의실 문을 열고 들어갔다. 의아한 표정의 임원들 시선을 받으며 사장님을 향해 드릴 말씀이 있다고 청했다. 연봉을 정확하게 해야겠다고 말을 떼었다. 영화사에서 일한 것 등 경력 부분도 다 인정해 달라고. 순간 실내에 있던 20여 명의 중역이 동시에 내게서 고개를 돌린다. 알았으니 운현궁 스튜디오로 돌아가 기다리라고 했다. 스튜디오에서는 대소동이 일어났다. 면접 잘해놓고 무슨 일을 한 것이냐고. 연간 조 단위의 회사를 경영하는 사장님 앞에서 직접 연봉 딜을 한 이상한 놈이 된 것이다. 1987년 정서로 보면 절대 용납할 수 없는 일이었다. 나는 잠시 후 대졸 초임에 철야 수당, 작품 수당, 미지급 귀가 교통비 등을 포함한 두둑한 두 달 반의 월급봉투를 손에 들고 그곳을 나왔다. 첫 임금이 마지막 임금이라니. 나의 모자람으로 일어난 파국이었다. 거절의 문 앞에서 돌아오는 길은 온통 흔들림의 연속이었다. 지독한 멀미가 올라왔다.

삼 개월 자책과 회한의 시간을 보내다가 광고를 제작하는 회사에 지원서를 넣었다. 국내 최고의 대우에 공채 1기를 선발하는 것이라서 학과장의 추천서가 있는 원서만 2,000장이 접수되었다고 한다. 서류 전형과 1, 2차 시험도 무사히 통과했다. 역시 운은 좋은 편이다. 마지막 관문은 대표 감독님과의 최종 면접이다. 면접일, 드디어 내로라하는 유명 감독님 네 분 앞에 섰다. 두려웠다. 그런데 다행히 면접이 순조롭다. 다 끝내고 일어나려는데 대표 감독님이 느닷없이 호칭을 빼고 부른다. 백선욱이, 네가 oo 기획 사장 앞에서 연봉 협상하자고 했다며. 너 들어오면 여기서도 그럴래? 아뿔싸 어느새 업계에 미친 녀석으로 소문이 나버린 것이다. 아닙니다. 자잘한 경력 다 버리고 백의종군하겠습니다. 그 순간 그렇게도 나를 흔들던 세상이 조용히 멈추었다. 사실은 세상이 나를 흔든 것이 아님을 인지하는 데까지 시간이 오래 걸렸다. 대개 흔들림의 원인은 나의 실수나 오판과 아집이었음을.

촬영 장비 중에 짐벌gimbal이라는 것이 있다. 카메라를 들고 달린다던가 드론 촬영 등 이동이 심한 촬영을 할 때 유용한 장비다. 항해와 항공역학에서 사용되는 자이로스코프gyroscope의 원리를 이용해 수평을 잡아준다. 대체로 좋은 짐벌은 세 개의 축을 가지고 있다. 진동을 세 방향으로 분산시켜 흔들림 없는 안정된 촬영이 가능하다.

삶 역시 하나의 중심축만으로 버텨내기에는 어렵다. 실수나 만용이 만든 거대한 바람이 연속으로 몰아치기라도 하면 견뎌낼 재간이 없다. 숨돌릴 잠시의 시간조차 허락되지 않는 극한의 힘겨움이다.

요즈음 술에 취하지 않았는데도 삶의 흔들림은 좀처럼 멈출 기미가 없다. 누적된 삶의 자취가 중심을 잃게 하고 있다. 균형을 잡고 살기 위해서는 축의 수를 늘려 삶의 무게를 나눠야 한다. 바람이 잦아지기를 기원하며.

마키아토

마른번개 소리에 간신히 눈을 떴다. LED 시계가 오후 1시를 가리키며 점멸하고 있다. 사진 작업이 오늘 새벽에야 끝이 났다. 며칠 내내 잠깐씩 눈을 붙이며 작업에만 매달린 탓인지 몸 상태가 바닥이다. 정말 오랜만에 편한 마음으로 잠을 청했다. 그런데 9시간이나 잤는데도 온몸은 젖은 솜뭉치다. 흐트러진 시트를 대충 밀어내고 거실로 나왔다. 무거운 눈꺼풀을 애써 밀어 올리며 커피 머신에 파워를 올린다. 낮은 기계음의 진동에 몸이 따라 흔들린다.

어느새 진한 커피가 귀여운 에스프레소 잔에 찰랑댄다. 그 위에 강한 압력으로 추출된 스팀 밀크를 얹고 한 모금 마셔본다. 진한 향을 끌어안고 싸하게 목젖을 스치는 에스프레소의 강한 마력, 번쩍 눈이 밝아진다. 세상이 선명하게 보이는 순간이다. 뒤이어 부드럽게 입안을 감싸주는 우유의 고소한 맛. 나의 늦은 아침이 시작된다.

키 작은 에스프레소 잔에 담긴 검은색과 흰색의 환상적인 앙상블. 마키아토macchiato는 우유를 넣은 커피의 일종이다. 마키아토는 본래 이탈리아어로 '얼룩지다', '점을 찍다'는 의미이다. 에스프레소에 스팀 밀크를 얹은 카페 마키아토와 스팀 밀크에 에스프레소로 점을 찍거나 무늬를 만드는 라테 마키아토가 있다. '표현'을 뜻하는 에스프레소에 '무늬를 만든다'라는 의미의 마키아토, 늘 나의 선택은 카페 마키아토다.

아름다운 선율의 아스피에타토가 흐르는 로마의 노천카페에서 마키아토와 처음 만났다. 동석한 현지의 자동차 디자이너 추천으로 주문했는데, 분위기 탓인지 감정선이 활짝 열렸다. 삼십 대 초반의 나는 마키아토의 강한 맛과 이름이 주는 깊은 마력에 바로 젖어 들었다. 귀국길 내 품에는 아낀 출장비로 사들인 드롱기 에스프레소 머신이 안겨 있었다.

토요일, 오후만 남은 하루지만 그동안 밀린 영화도 보아야 하고 집안일도 태산이다. 여기저기 치우다 보니 낡은 에스프레소 머신이 눈에 띈다. 내 인생 절반 정도의 아침을 함께 해왔지만, 잔고장 하나 없다. 요즘 커피 머신은 새롭고 간편한 기계로 진화했다. 하지만 캡슐용과 포드용 몇 종류를 사용해보았는데 쉽게 고장이 나거나 맛에서 실망만 줄 뿐이었다. 언젠가 나의 친구 드롱기가 수명을 다하면 다시는 커피 머신을 들이지 않을 것이다.

평소에 커피를 마실 때는 에스프레소 아니면 커피 믹스 중 하나를 선택하게 된다. 그런데 생각보다 커피 믹스가 마음에 든다. 나의 편견으로 보면,

커피 믹스는 물만 줄이면 적당히 진할뿐더러 흑과 백의 조화와 함께 전해오는 달달함은 평화의 맛이라고 해야 할까. 그래도 당분간은 마키아토를 포기할 수 없을 것 같다.

희미하게 남은 내 젊은 시절의 소환로召喚路, 카페 마키아토.

생각보다 가까운 거리에서

길은 끝나는 곳이, 다시 시작해야 할 시점이다.
날마다 거의 비슷한 식사와 눈감아도 갈 수 있는 통근길, 그리고 거의 녹초가 되어 쓰러져 잠이 드는 일상. 어제와 같은 오늘이 쌓이고 있다. 이쯤에서 떠나야 하는 걸까. 얼마쯤 멀리 가면 이 버거운 일상을 내려놓을 수 있을까.
"일반인 우주여행 시대! 패키지여행 어디까지 가봤니? 2022년, 우주 호텔 패키지"
레드프라이데이誌 2019년 1월 29일 자에 따르면, 미국의 우주기술 스타트업 '오리온 스팬Orion Span'은 2022년 세계 최초의 럭셔리 우주 호텔인 '오로라 스테이션Aurora Station'을 개장할 예정이라고 밝혔다. 950만 달러, 우리 돈으로 약 106억 원을 내면 우주여행 패키지에 동승 할 수 있다. 고객은 자신에게 맞게 제작된 개인용 수면 캡슐, 최고급 우주 식사, 럭셔리

한 실내 디자인을 갖춘 오로라 스테이션에서 12일 동안 머물며 다양한 액티비티에 참가한다. 무중력상태를 체험하며 지구의 가족들과 화상 통화도 하고, 식량을 재배하는 연구실험에 참여하여 결과물을 지구로 가져갈 수도 있다. 일반인도 우주여행을 하는 시대가 온 것이다. 물론 이렇게 어마어마한 비용을 지불할 수 있는 사람을 일반인이라고 하기는 어렵겠지만.

한없이 먼 곳, 우주. 그런데 우주는 우리의 생각보다 그렇게 멀지 않다. 국제항공연맹 FAI는 지상에서 100km부터를 우주라고 규정하고 있다. 카르만 라인Karman line이라 불리는 이 구간은 지구 대기와 우주공간을 나누는 기준이다. 내가 서 있는 곳에서 우주까지의 거리가 서울에서 부산까지의 약 3분의 1 정도밖에 되지 않는 것이다.

어떤 면에서, 실제의 우주는 더 가까이에 있는지도 모른다. 사람도 크게 보면 우주의 일부분이다. 우리는 수많은 별처럼 각기 다른 모습과 다른 개성을 가지고 이 행성에 공존한다. 서로 밀고 당기는 인력引力의 조화 속에서 타의에 움직이는 공전과 자의에 의한 자전을 하며 우주의 법칙을 따른다. 이때 중요한 것은 관계가 가진 거리이다. 서로 간의 물리적 거리 외에도 심리적 거리, 감정적 거리가 존재한다. 특히 사람들이 감정적 거리가 가까운 사람을 곁에 두고 싶어 하는 것은 우주의 본성에 가깝다. 인간이 가진 불완전성에서 기인한 균형과 안정을 위한 이 자구책은 생존을 위한 것이기도 하다.

우리는 수없이 스쳐 가는 인연들에서 감정적 거리가 가까운 사람을 찾으려 한다. 평생을 기다려도 끝내 붉은 실의 끝을 찾지 못하는 이도 있다. 때로는 인생을 어느 정도 살아온 사람의 경험치가 도움이 된다. 하지만 그로 인해 정작 더 가까이 갈 수 없게 되는 벽이 되기도 한다. 아무튼 누구라도 만나려면 최소한의 노력은 필요하다는 이야기다. 그러다 드디어 운명처럼 인연이라고 생각되는 사람을 만난다. 사람 간의 관계는 우주의 다른 물질처럼 유기적으로 움직인다. 그때가 시작이다. 그때부터 다시 시작해야 할 시점인 것이다.

"사랑은 움직이는 거야."

내가 다니던 회사에서 제작한 모 통신사 TV 광고다. 이 카피는 공전의 반응을 끌어냈다. 당시 최고의 전성기를 누리던 모델 탓도 있지만, 불멸의 사랑이나 영원한 사랑은 영화 속의 주인공의 전유물임을 우리 모두는 알고 있으니까.

사랑하는 사람과의 거리는 얼마쯤 되는 걸까. 그 거리는 노력 여하에 따라, 움직이는 방향이 더 깊고 돈독한 쪽으로 데려가게 될 수도 있지 않을는지. 우리 사이, 친구 사이, 우리 주변의 관계를 칭하는 모든 사이는 서로 부딪히지 않을 만큼의 거리가 잘 지켜져야 더 좋은 쪽으로 움직인다. 적당한 거리감은 그와 나, 너와 나 사이에 그만큼 중요한 것이다.

관계가 잘 유지될 때 마음을 놓으면 안 되는 것이 있다. 행복을 담은 주머니가 해지지 않게 관리를 잘해야 한다. 행복은 각자의 주머니에서만 존재성을 가진다. 심연의 슬픔이나 격정의 기쁨처럼 또는 살갗에 닿는 섬세한 촉감처럼 그 중심이 온전히 자신의 가슴에 있기 때문이다. 타인의 시선을 지나치게 의식하거나 평가에 의존하면 순식간에 구멍이 생긴다. 행복이 오기까지는 많은 시간이 필요하지만 한번 떠나면 아득한 거리로 순식간에 사라지는 야속한 속성이 있다. 그래서 관계를 잘 유지하려면 배려와 사랑의 양분을 지속적으로 공급해 주어야 한다.

얼마 전 아주 소중한 관계에 있던 친구와 문제가 생겼다. 나의 오판과 방만으로 인해 갈등이 불거졌다. 무슨 일이 있어도 우리는 영원한 친구로 남을 줄 알았는데. 서로가 마음에 큰 상처를 입고 말았다. 봄이 올 때가 되면 이 상처가 좀 아물어지려는지….

막심 고리키의 말이 천둥처럼 고막을 두드린다.

"행복을 두 손안에 꽉 잡고 있을 때는 그 행복이 항상 작아 보이지만, 그것을 풀어준 후에는 비로소 그 행복이 얼마나 크고 귀중했는지 알 수 있다."

완주를 위하여

질주본능! 오래전에 내가 제작한 자동차광고의 메인 카피다. 나는 빠르게 달리는 것이 좋다. 달리는 순간만큼은 바람이 된다. 공기를 가르는 쾌감, 살아있음을 심장으로 빠르게 전송하는 그 순간은 내게 최고의 선물이었다.

속도를 짜릿하게 느낄 수 있는 곳은 스키장이다. 나는 특히 스노보드를 좋아했는데 그중에서도 알파인 보드만 탔다. 하프파이프를 타며 잔재주를 부리는 프리스타일에 비해 고속으로 내 쏘는 알파인 보딩은 내게 딱 맞는 스포츠다. 자연설 위에 인공눈이 살짝 덮인 설원에서의 활강은 표현하기 힘든 감흥이다. 눈 표면의 차가움을 느끼는 순간, 거친 흥분으로 가슴이 뛴다. 몸은 어느새 눈 폭풍을 타고 있다. 얼굴에 강하게 부딪혀 오는 바람. 나는 허공을 나른다.

호주에서 만난 수상스포츠인 웨이크 보드가 내 관심을 끌 무렵 느닷없이 혈액암 3기 판정을 받았다. 다발성 골수종multiple myeloma. 병마는 속도가 빨랐다. 세 곳의 종합병원을 전전하며 항암치료를 시작할 즈음, 백혈병과 합병증으로 병세가 악화되었다. 혈관을 타고 순식간에 온몸으로 암세포가 번졌다. 시한부 인생은 남의 이야기가 아니었다. 길어야 6개월. 남은 시간이 줄어들 가능성도 컸다. 방사선 치료를 목전에 두고 갈등했다. 하지만 모든 생명은 시한부가 아닌가. 죽음 앞에서 나는 의외로 담담했다. 생의 마지막을 병원에서 연장하고 싶지 않았다. 대신 죽는 순간까지 한 여자를 사랑하는 데 최선을 다하기로 했다. 그 외에는 아무것도 생각하고 싶지 않았다.

6개월 후, 기적을 만났다. 어떤 치료도 하지 않았는데 백혈구의 수치가 안정되고 죽음의 징후가 걷혔다. 나에게는 발병發病도, 탈병脫病도 쾌속이었다. 그 겨울, 나의 예고된 죽음에 통탄하던 선배 PD가 필리핀에서 스킨스쿠버를 하다가 먼저 세상을 떠났다. 죽음은 역시 우리가 예측할 수 없는 신의 영역이 분명했다.

강직 척추염. 암이 사라진 방심의 틈으로 지독한 후유증이 밀고 들어왔다. 뼈를 깎아 내는 통증이 24시간 그치지 않는다. 척추와 목의 관절들이 석고처럼 굳어 갔다. 살아있는 박제가 되고 있었다. 진통제의 독기가 십이지장에 구멍을 세 번이나 냈다. 미국 촬영 도중에 장 출혈 과다로 응급실에 실려 가며 또 죽음과 만났다. 별로 겁나지도 않았다. 기왕 그런 것이 사는 것이라면….

촬영을 마치고 한국으로 돌아왔다. 스키장은 다시 겨울 시즌이 시작되고 있었다. 통증에 시달리면서도 스노보드를 타러 갔다. 자세도 나오지 않는 불안정한 활강. 그래도 질주의 순간에는 어떤 고통도 느끼지 못했다. 작은 언덕을 넘자 급경사가 시작됐다. 속도를 줄이고 회전을 하려는 순간이었다. 옆에서 스키를 타던 사람이 맹렬한 속도를 이기지 못해 날 덮쳤다. 허공으로 내팽개쳐진 나는 바닥의 충격을 등으로 받고 정신을 놓았다. 구급차에 실려 가면서도 애써 일어나보려 했지만, 온몸을 헤집는 통증에 다시 혼절했다. 나는 다시 보드를 탈 수 없었다.

강직 척추염이 진행을 늦춘 것은, 척추 전체와 목의 7개 관절 중 2개만 남긴 채 몸이 굳어 버린 후였다. 2년여의 세월 동안 몸은 휜 대나무처럼 변해버렸고 체중도 15kg이나 줄었다. 그러나 자연적으로 병세가 멈추는 일은 흔한 경우가 아니다. 처음으로 보이지 않는 절대적 존재에게 감사한 마음이 들었다. 고통이 웬만큼 사그라지니 정신도 맑아지고 힘이 났다. 뻣뻣한 몸으로 일을 시작했다. 회사에서 독립한 지 두 달 만에 연봉의 5배 이상의 순이익을 냈다. 순수한 내 노력의 대가를 헤아리는 것은, 직원일 때의 고속승진에서 오는 쾌감과는 비교도 되지 않았다. 더는 아무것도 부러운 것이 없었다. 나는 행복의 정상에 서 있었다. 눈앞의 모든 신호등은 파란색으로 반짝였다.

몸도 지탱할 만하고, 사업이 승승장구하자 어느 날 문득, 이대로 모든 것이 멈추었으면 좋겠다고 생각했다. 나를 아는, 나를 사랑하는 모든 이들의 기억에서 내 생에 가장 행복한 상태에서…. 그 순간, 붉은색 등이 켜졌다. 그리고 서서히 점멸하며 꺼지기 시작했다. 겁이 나기 시작했다. 하지만 죽음 앞에서 끝까지 당당할 수 있기를 소망했다. 살아있는 동안 지극히 행복했노라고 말할 수 있기를 간절히 바랐다. 죽음에 직면해 본 사람은, 살아서 무언가를 할 수 있다는 것이 얼마나 놀라운 일이며 감사한 일인지 잘 알고 있을 것이다. 나 역시 그러했다.

돈이나 명예로 대변되는 성공에의 고속도로에서 나는 이탈했다. 6년 전, 변형된 척추를 10cm 정도를 잘라내는 대수술을 했으며 그날 이후 키가 8cm 정도 줄었다. 하지만 지금 나는 살아있다.

한 줄기 강렬한 빛이 존재의 가치를 드높이는 경우를 가끔 본다. 기울어가는 하루의 끝에 걸린 한 줄기 빛일지언정 그것이 가진 마지막 힘은 강렬하다. 삶도 그러하지 않을까 싶다. 처음과 끝이 있기에 존재의 가치가 드러나는 것이며 그 여정의 목적은 분명하게 존재한다. 삶의 기운을 잃어가는 순간이라도 빛에 대한 소망만 있다면 우리는 후회 없이 남은 여정을 빛으로 밝힐 수 있을 것이다.

이제 속도에 대한 나의 열망은 무조건 달리는 것만을 의미하지 않는다. 운명이라는 골진 도로를 달리다 돌아보니, 제어하지 못하는 상황만큼 위험한 것이 없었다. 불완전한 질주보다는 삶의 완주를 위한 완벽한 제어가 필요하다.

내 삶에 다시 파란색 등이 켜졌다. 질주를 향한 본능이 온 신경을 타고 흐른다. 하지만 서두르지 않을 것이다. 온유한 회광반조回光返照의 에너지를 향유하기 위하여.

미아迷我

얼마나 걸었는지 모른다. 이정표대로라면 거의 다 오지 않았을까. 소금기 앉은 입술이 쩍쩍 갈라진다. 마른 침을 삼키다 혀라도 스치면 쓰라림이 송곳처럼 머리를 찌른다. 온몸이 땀에 절었다. 걷는 내내 젖고 마르기를 계속한 옷은 거칠고 퍼석해져서 피부에 닿는 것 자체가 부담스럽다. 따가운 햇살을 막아주는 유일한 가림막이라 벗을 수도 없다. 발가락은 불어터진 양말에 달라붙어 신발과 발이 따로 논다. 걸음을 내디딜 때마다 물집들이 집요하게 쓸려댄다. 꽁꽁 얼려온 물도 다 비워 버린 지 오래다. 숨을 쉴 때마다 입으로 들어오는 흙먼지의 분진을 씻어낼 도리가 없다. 목마름이 한계를 넘어 고통으로 몰려온다. 나는 왜 이 길에 혼자 왔을까. 쉴 틈 없이 강행한 촬영이 거의 마무리될 즈음 문득 나만의 시간이 필요하다는 생각이 들었다.

섭씨 50도를 넘나드는 한여름의 미국 캘리포니아주州 남동부, 아마르고사산맥과 페너민트산맥 사이에 끼여 있는 구조곡構造谷. 데스밸리Death Valley. 손바닥만 한 그늘조차 없는 무한궤도에 나는 갇혔다. 갈증과 피로 속에 숙소의 하얀 침대가 신기루처럼 떠오른다. 내가 할 수 있는 유일한 일은 그저 흙먼지 뒤덮인 길을 멈추지 않고 걷는 것뿐이다. 조금 싸게 빌린 오래된 미국 포드사에서 제작한 스포츠카, 포드 머스탱이 사막에서 퍼진 것도 그렇고, 깜박하고 핸드폰 충전을 놓친 것도 당연히 내 탓이다. 주머니 속에 클립으로 묶어 놓은 100달러가 전부다. 어쩌다 보이는 비상전화는 사용할 엄두도 나지 않고 공중전화도 그림의 떡이다. 누군가 25센트 쿼터 몇 개로 바꿔만 준다면 100달러도 아깝지 않을 지경이다. 이 길에는 차도 사람도 보이지 않는다. 만류하던 스태프들 생각에 후회와 자책이 밀려든다.

그 순간, 하늘빛이 이상하다. 검은 구름이 해를 가리더니 순식간에 하늘을 덮는다. 갑자기 후텁지근한 열기가 명치끝까지 밀려왔다가 사라진다. 후두두 후두둑. 비가 내린다. 나도 모르게 입을 벌린다. 타는 듯한 갈증이 숨을 죽인다. 굵은 빗줄기가 쓰라린 얼굴을 적신다. 소나기다. 장중한 빗소리. 들어본 적 없는 커다란 소나기의 울음소리가 넓은 사막을 메운다.

인적 없는 I-15번 고속도로 위에 모든 갈증과 자책과 불평을 내려놓고 주저앉았다. 젖어가는 사막의 모래알보다 작은 존재. 자연의 미약한 생명체일 따름이다. 다행히 문명과 시스템의 보호 아래서 그나마 이렇게 살아온 것에 감사한다. 자연 속에서 홀로 살아가는 이들이 성자처럼 생각된다. 나는 절대로 혼자 사는 삶은 엄두를 내지 못할 것 같다. 사람들 속에서 사는 것이 항상 좋은 것만은 아니지만 그래도 함께 살아가야 한다. 가끔은 얽힌 인연으로 불편하고 괴롭지만, 단비 같은 순간들도 있지 않은가. 멀리서 경광등을 번쩍이며 패트롤카가 오고 있다. 무릎에 힘을 줄 시간이다.

초록 여행

차들이 만드는 빛 멍울이 밤의 고속도로를 채우고 있다. 사통팔달의 길들이 서로 만나고 엇갈리는 곳, 32층 아래로 보이는 도로 풍경이다. 1년 전, 경부고속도로 수원신갈 IC에 맞닿아 있는 지금의 아파트로 이사를 왔다. 창을 열면 덮치는 가공할 소음만 차단하면 밤의 전망은 지극히 드라마틱한 곳이다. 헤드셋에 파올로 메네구찌Paolo meneguzzi의 뮤지카musica를 가둔다. 저수지인가…, 무질서하게 얽혀있는 차선들 너머 물빛이 아련히 반짝거린다.

그 친구도 용인 어딘가 산다고 했는데…. 고교 2학년 때니까 40년도 훨씬 넘은 일이라 가물가물하다. 오랜 기억들 사이를 더듬다 한참 만에야 겨우 지명이 생각났다. 용인의 송전 저수지.

고교 2학년이 되면서 문과, 이과가 갈렸다. 문과로 간 친구 Y는 자주 보기 힘들었다. 어느 날 하굣길에 또 다른 친구 J와 함께 만난 우리는 단합 겸 추억여행을 가기로 했다. 3학년이 되면 입시로 도무지 짬이 없을 것 같아서인지 순식간에 의기투합했다. 어릴 때부터 부친을 따라 낚시를 다녔던 베테랑 낚시꾼 Y의 제안에 까까머리 3인은 덜컹거리는 시외버스에 몸을 던졌다. 1박 2일의 파격적인 일정이다. 당시 우리는 입시 때문에 군대에 버금갈 엄격한 규율과 통제 안에 있었다. 겨우 부모님들을 설득하고 우여곡절 끝에 5월의 황금휴일을 디데이로 삼아 일탈을 감행한 것이다.

드디어 우리만의 여행이 시작되었다. 그런데 갑자기 비가 내리기 시작한다. 비바람에 신록의 가로수가 출렁대고 우리의 마음도 따라서 요동을 친다. 몇 차례 버스를 바꿔 타고 한참을 걸어가서야 송전 저수지에 도착했다. 장대비 내리는 낚시터는 한산하다 못해 을씨년스러웠다. 관리인을 만나 좌대를 예약했다. 좌대는 저수지 가운데 있어서 작은 나무배를 타고 들어가야 한다. 관리인 아저씨는 노를 저을 줄 아느냐며 귀찮은 듯 아예 보트 한 대를 우리에게 배당해주고 사무실로 돌아갔다. 하늘과 물이 구별되지 않는 온통 회색빛 공간에 우리 셋만 남았다. 누가 먼저라고 할 것 없이 우리는 허공을 향해 괴성을 지르며 자축의 세레모니를 즐겼다. 빗줄기가 만드는 리드미컬한 파문을 노로 밀어내며 저수지 한가운데에 있는 우리의 거처에 닿았다. 좌대는 생각보다 근사했다. 커다란 드럼통을 엮고 그 위에 통나무를 올린 집 형태다. 사방으로 낚싯대를 꽂을 수 있고 위로 열리는 차양과 구멍 뚫린 간이 화장실을 갖추고 있었다. 뭍으로 데려갈 유일한 수단인 보트를 좌대에 단단히 묶어 고정했다. 우리는 세찬 비에 홀딱 젖은 옷을 훌훌 벗어던지고 물로 뛰어들었다. 온몸을 감싸는 따스함과 평온함, 수면에 떨어지는 빗물들의 하모니. 발장구에 밀리는 물결이 비단결같이 부드러웠다. 우리는 그렇게 빗속에서 자유를 만났다.

넓은 저수지에 밤이 드리워진다. 비는 아직도 거세다. 첫 낚시치고는 제법 수확이 좋았다. 떡밥과 지렁이로 만든 미끼를 낚싯바늘에 끼울 때는 달갑지 않았지만, 솔솔이 낚여 올라오는 송어, 잉어, 메기를 보니 신기하기만 했다. 코펠 안에서 오래 끓여낸 물고기 매운탕은 일품요리였다. 익숙한 요리사인 Y 덕이다. 어망을 풀어 잡았던 물고기들을 놓아주었다. 우리에게는 내일이 또 있으니까.

호박빛 랜턴 불빛 아래서 우리는 많은 이야기를 나눴다. 우리 앞에 펼쳐질 미래에 대해서, 하고 싶은 일에 관해서. Y와 J는 공부를 열심히 하는 모범생이라 비교적 안정적이었지만 들쑥날쑥 제 멋대로인 나의 미래는 불투명 그 자체였다. 아버지의 사업도 망가진 상태라 대학에 진학해도 문제였다. 어둠 같은 갑갑함이 밀려왔다. 어떻게 살아가야 할 것인가…. 내가 할 수 있는 것은 아무것도 없어 보였다. 우리들의 이야기는 끝이 없었고 어느새 여행지의 긴 밤이 지나고 있었다.

낚시 여행에서 돌아온 우리는 다시 고등학생의 현실에 적응했다. 다음 해에는 무사히 대학입시를 마치고 졸업했다. 하지만 전공도 다르고, 하는 일도 다르다 보니 서로 소원해져서 오랫동안 연락이 끊어져 버렸다. 낚시 여행의 기억은 시간의 창고 깊숙한 곳에서 먼지만 쌓여갔다.

수년 전 동창회에 나갔다가 두 친구를 만났다. 문학적 감성이 뛰어났던 Y는 강남의 유명 증권맨이 되었고, 교수가 될 것 같았던 J는 연고자도 없는 부산에서 작은 화학 공장을 경영하고 있었다. 두 친구의 꿈은 현실이 되지 않았다. 하지만 가장으로서, 아이들의 부모로서 흔들리지 않고 자신들의 인생을 당당하게 살아온 것은 꿈을 이루는 것에 견줄만하다. 한 사람으로서 맡은 역할을 제대로 할 때 그 인생은 가치가 있고 빛이 난다.

초록이 빛을 발하는 5월이다. 초록색 꿈에 가슴 뛰고 알 수 없는 미래에 불안한 시절, 생애 첫 낚시 여행에서 자유와 만나고 자신과 마주했다. 지금 그 첫 여행지에서 아주 가까이 산다. 그리고 나는 여전히 스스로에게 묻고 있다. 어떻게 살아야 할 것이며. 지금 할 수 있는 것이 무엇인지를. 여행은 추억이고 인생은 여행이라고 했던가. 내 가슴속 초록은 아직 가늘게 빛을 발하고 있다.

푸른 기억

거의 40여 년 만에 훈을 만났다. 고교 동창 모임에 깜짝쇼처럼 등장한 녀석, 그동안 미국에서 살다가 얼마 전에야 동창들과 연락이 닿았다고 한다. 녀석이 다짜고짜 내 자리로 휘적휘적 걸어왔다. 38년의 세월은 그의 몸을 1.5배쯤 불려놓고 그 대가로 앞 머리카락 3분의 1을 가져갔다. 너 그 아이와 결혼했냐. 자리에 앉기도 전에 J의 소식을 묻는다. J…. 어딘가에 풀어놓았던 기억의 끈이 팽팽해진다.

동창이라지만 학교 다닐 때는 훈을 본 적이 없다. 우리가 처음 만난 곳은 고교 선배가 운영하는 동네 어귀의 레코드 가게. 선배의 소개로 엉겁결에 악수하며 녀석을 살폈다. 문과라서 못 봤나. 그렇게 학교를 헤집고 다녔는데 내가 모르는 놈도 있네. 마땅치는 않았지만, 선배 얼굴도 있고 해서 간단히 인사를 나눴다. 그런데 훈의 머리 스타일이 예사롭지 않다. 무스나 헤어스프레이가 없던 시절이다. 드라이어로 긴 머리를 부풀려 세우고 앞

가르마로 나눈 후 양옆으로 날린 바람머리는 우리 대부분의 스타일이었다. 그런데 녀석은 반짝이는 무언가로 앞머리를 바짝 세우고 옆머리가 짧아 색다른 느낌이 났다. 게다가 한국 최고의 대학에서 법학을 전공한다는 말에 나는 기가 팍 죽었다.

훈이와는 만나면 아는 체하는 정도의 사이로 지내게 되었다. 가까운 친구로 두기에는 부담스러운 녀석이었다. 그러다 레코드가게에 자주 들리는 긴 머리 여자애를 두고 나와 신경전이 시작되었다. 그녀는 미8군에서 노래하는 그룹사운드 리드 싱어로 공연이 없는 날에는 명동 음악다방에서 디제이를 하고 있었다. 그녀는 최신곡의 신보를 알아보거나 레코드판 구매를 위해 자주 가게에 들렀다. 그녀는 정작 우리를 알지도 못하는데 서로 먼저 찍었다며 양보하라고 으르렁거렸다. 훈이란 녀석은 나의 강요와 협박이 통하지 않는 질긴 놈이었다. 결국, 훈과 나 두 사람 중 한 사람만 그녀 곁에 남기로 의견일치를 보았다. 그녀와 먼저 첫 키스에 성공하면 나머지 사람은 두말없이 패배를 인정하고 떠나기로 한 것이다. 우리는 페어플레이를 선언하고 각자 그녀에게 대시하기로 했다.

그날부터 나는 일본에서 가져온 다리미용 풀 스프레이를 앞머리에 살짝 뿌려 빳빳이 세웠다. 살짝살짝 허옇게 보이는 풀기는 다 가릴 수 없었지만, 자존심이 서는 느낌이 좋아 매일 머리에 공을 들였다. 열등감과의 투쟁이었다.

유월이 시작될 즈음이었다. 그녀에게 말을 걸었다. 아무것도 없고, 가진 것은 미래밖에 없지만 손해나지 않을 것이니 친구가 되어 달라고 했다. 다행히 음악이라는 공통 관심사 덕분에 그녀는 기분 좋게 수락해 주었다. 그날부터 그녀가 좋아할 만한 음악을 찾아 테이프에 녹음했다. 더 드리프터스의 〈스트레인저 온 더쇼어〉, 에디트 피아프의〈라비 앙 로제〉, 첼시아 찬의〈네버고나 폴 인 러브 어게인〉 등 가사를 채록해서 그녀에게 부르게 하고 모니터링도 해주었다.

꼭 그렇진 않았지만 구름 위에 뜬 기분이었어. 나무 사이 그녀 눈동자 신비한 빛을 발하고 있네. 잎새 끝에 매달린 햇살 간지런 바람에 흩어져 뽀얀 우윳빛 숲속은 꿈꾸는 듯 아련했어. 아마 늦은 여름이었을 거야. 우리들은 호숫가에 앉았지. 나무처럼 싱그런 그날은 아마 늦은 여름이었을 거야.

–산울림 〈아마 늦은 여름이었을 거야〉

산울림의 몽환적인 음악처럼 첫사랑 앞에서 난 정신 줄을 놓았다. 그리고 어느 늦은 여름날 그녀와 첫 키스를 했다. 진한 숲향기 때문인지 오래 눈 감은 탓인지 뭉클대는 어지러움이 사방에서 밀려왔다. 내가 그녀와 연인이 된 무렵부터 훈이는 보이지 않았다. 남자답게 약속을 지킨 것일까. 그리고 나는 곧 훈이라는 존재를 잊었다.

열병처럼 시작했던 첫사랑. 하지만 그토록 장담했던 미래는 생각대로 다가오지 않았다. J의 아버지가 뇌출혈로 쓰러지자 그녀의 어머니는 급히 딸의 결혼을 서둘렀다. 나는 가난한 조감독이었다. 어떻게 해도 그녀와 함께 할 방법은 없었다. 용기가 없었다는 것이 맞을 것이다. J라는 이름을 잊기까지는 오랜 시간이 필요했다.

삐-. 마이크의 하울링 소리가 생각을 끊는다. 끝 순서로 1반부터 순서대로 나와서 기념촬영을 한다는 사회의 말에 어수선하던 실내가 조금 정돈된다. 어느덧 7반까지 이과반 촬영이 끝났다.

-자, 똘반. 돌반 떨거지들 나와라.

사회를 보는 친구의 목소리에 장난기가 가득하다. 그런데 훈이 어적어적 나간다. 어, 돌반 순서인데…. 돌반은 문과와 이과로 나눌 때 각반에서 취업희망자 5명씩을 모아 만든 특수 직업반이었다.

-너 똘반이었어?

자리에 돌아온 녀석에게 물었다.

-너 그때 법대 입학했다고 했잖아.

녀석의 표정에 살짝 웃음이 돈다.

-그래 법대로 살고 법대로 놀고 다녔지.

순간 당황스러워지며 지난날 녀석에게 가졌던 열등감들이 스친다.

-장난해, S 대학 다닌다고 했잖아.

-큭, S 대학은 무슨 S 대학, 죄 뻥이었지. 쪽팔리잖아.

입꼬리를 살짝 올리며 낄낄 대는 녀석의 얼굴에 장난기 가득한 예전 모습이 떠오른다. 주먹을 가볍게 쥐어 머리를 쥐어박았다. 큰 몸짓으로 엄살을 부리는 훈의 머리를 팔로 감아 헤드록을 걸었다.

–야야, 머리, 머리. 머리 빠져.

비명을 지른다. 나는 훈의 귀에 나지막한 목소리로 물었다.

–너 그때 머리 어떻게 빳빳하게 세웠냐.

–아, 그거 일본사는 형이 가져온 일제 무스.

우리 누나도 일본에 살고 있었는데 그것도 모르고 다리미 풀로 머리를 세우다니. 슬며시 웃음이 나온다. 팔에서 힘을 빼고 녀석의 머리를 풀어주는 순간 오랜 체증이 쑥하고 내려간다.

훈은 남들 대학 가는데 할 수 있는 것이 없어 형이 공부하는 일본으로 갔다고 한다. 그곳에서 트럭에 청바지를 싣고 전국을 돌며 팔았는데 7배의 수익이 남았다고. 돈이 손에 쌓이자 더 큰 욕심이 생겨 미국 본토로 들어가 불법체류를 하며 양말장사를 시작했다고 한다. 이후 사업이 크게 성공을 하며 어렵게 영주권을 따느라 지금까지 한국에 들어오지 못한 것이다. 그런데 겨우 살만해지니 아내가 미국인하고 바람이 나서 이혼을 해주고 나니 다시 쪽박 신세가 되었다며 서글픈 웃음을 짓는다. 사람 사는 일은 누구도 가늠할 수 없다. 이야기하다 보니 간만에 마음 통하는 친구를 만난 것 같다. 자주 연락하기로 하고 녀석을 보냈다.

과거 한 시점의 추억은 나만의 것이 아닌 공존의 영역이다. 어느새 겉모습은 늙고 변했지만 같은 추억을 공유하는 사람과의 시간만큼은 멈춰져 있다. 기억은 각자의 편의대로 다소 왜곡되기도 하고 지워지기도 한다. 하지만 세월의 틈에 끼어 살아있는 푸른 이끼처럼 아직 우리의 마음 한쪽에서는 젊은 날의 기억들이 살아 꿈틀대고 있었다.

가을이 오면 친구들과 오랜만에 모교에 가봐야겠다. 무스 잔뜩 발라 머리 좀 바짝 세우고.

노 시가랜드No-cigarland

섬은 대체로 고요하고 적막하다. 평화롭고 안온한 공기. 더구나 풍부한 음식과 물은 지천이다. 그곳에서 나는 운동과 사색으로 시간을 보내고 있다. 나의 섬, 행복한 공간이다. 그런데 가끔 입안이 마르고 헛헛해지면 담배가 절실하게 그립다. 허공에 그려내는 구름의 향연. 작은 창조물을 만들어 내며 정중동의 여유를 느끼고 싶다. 그런데 섬에 담배가 어디 있겠는가. 이 섬에는 편의점이 없다.

동해의 겨울바람은 거칠었다. 교외지도를 피해 의정부까지 가서 본 영화 〈바보들의 행진,1975〉은 어른들의 세계와 동해 바다에 대한 환상을 심어주었다. 한참 소영웅주의에 젖어있던 시절, 겉멋만 잔뜩 들었던 때였다. 고2 겨울방학에 동해를 찾았다. 그곳에 가면 나도 신화 속의 고래를 만나고, 어른이 되는 관문도 미리 통과할 것 같았기에…. 청량리역을 출발한 기차는 망상역을 지나 옥계역에 나를 내려주었다. 여행잡지에서 어렵사리 찾은 곳이 강과 바다가 만난다는 옥계였다. 어른이 되는 것을 강의 경계를 넘어 바다로 나간다는 것과 중첩해 생각해보니 제법 그럴듯한 선택이었다.

겨울 바다는 생각대로 한적하고 몹시 추웠다. 짙푸른 바다가 잘 보이는 곳에 자리를 잡았다. 가방 속에는 한산도 담배 열 갑이 종이 포장 안에 단단히 싸여있다. 얼기 시작하는 곱은 손으로 한 갑을 꺼내 뜯었다. 망설임 없이 한 개비를 입에 물고 지포 라이터로 불을 붙였다. 바람이 거세, 손으로 방풍 막을 만들어도 불을 붙일 때까지 꽤 시간이 걸렸다. 담배에 불을 붙이고 한 모금 들이마시는데 때마침 바람 한 자락이 거세게 입안으로 들이친다. 연기를 내뿜을 겨를도 없이 기도를 지나 들어가 버린다.

갑자기 핑하고 현기증이 난다. 바닷물이 요동치고 하늘이 도는 어지러움이다. 잠시 진정하고 다시 담배 연기를 들이켰다. 거센 바람에 실린 연기는 새로 난 길을 따라 거침없이 빨려 들어갔다. 그렇게 바닷바람은 나에게 첫 흡연을 가르쳐주었다. 일어서려는데 잊었던 한기가 몰려온다. 온몸이 떨리고 좀처럼 어지러움이 가시지 않는다. 나는 그대로 모래사장에 누워버렸다. 눈이 부시게 하늘이 푸르렀다.

저녁이 되자 바다가 검은빛을 띠기 시작했다. 해안경비대 군인 하나가 총을 든 채 다가왔다. 지은 죄가 있어서 마음이 사정없이 졸아들었다. 군사지역이라 해가 진 후 바닷가에 남아 있으면 안 된다고 한다. 고등학생 같은데 뭐하냐고 묻기에 바다에게 담배를 배우고 있다고 했더니 자기도 한

대 달란다. 그와 잠시 앉아 나눈 대화는 기억이 선명하지 않다. 다만 몇 살 차이도 나지 않는데 어른 행세하는 모습이 우스웠다. 포장을 뜯은 담뱃갑을 빼고 군인에게 다 안겨 보냈다. 바다에서 시작된 나의 첫 흡연. 나쁜 친구로 대변되는 경험자의 권유나 호기심에 이끌린 무의지의 시작이 아닌, 나의 절대적 선택과 단호한 결정이 만든 만족할 만한 통과의례의 세레모니였다고 믿었다. 그때에는.

대학에 진학하면서부터 담배는 커피와 함께 평생동지로 지내게 된다. 적어도 쉰 살 때까지는 한차례도 금연을 생각해 본 적이 없다. 모든 배신의 동기가 그렇듯 그럴싸한 이유와 상황이 발생하면서 위기의 순간이 온다. 결국은 심각하게 담배와의 절연을 고민한다. 담배가 나의 경제생활에 위협이 되기 시작한 것이다. 하지만 시작에 의미를 두고 멋을 부린 것처럼, 작별도 그렇게 하고 싶었다. 담배에 몸이 망가져서 할 수 없이 끊어야 하는 초라한 결말이 싫었는지도 모른다.

금연은 녹록한 일이 아니었다. 의지가 강한 척 제법 호기를 부려대며 살던 나였는데. 지난 10여 년간의 시도한 갖은 방법은 실패로 돌아갔다. 결국 나의 실체는 실로 유약하기 그지없는, 가냘픈 의지 덩어리임을 자인하게 되었다. 주변에 담배를 끊는다는 소리도 더는 못할 지경이다. 하지만 이번은 다르다. 이미지트레이닝을 통한 최면 요법이다. 눈을 감고 그려낸 아름다운 섬에 나를 안착시켰다. 섬의 한쪽 계곡에는 무지개를 띄운 작은 폭포까지 있는 마음에 드는 곳이다. 그곳은 담배라는 존재 자체가 아예 없는 청정지역인 나의 섬 No-cigarland. 하지만 이곳조차 언제나처럼 몰려드는 극심한 금단증세에서 자유롭지가 않다. 이번에는 다를 거야. 나의 섬에 정신을 바싹 붙들어 맨다. 힘든 밤이 지나고 있다.

어제와 다른 아침이 밝았다. 선명해진 시야에 들어오는 창 너머 아파트들의 스카이라인. 그 위를 날고 있는 아침 새들의 나래짓. 가을이 묻은 청량한 공기. 달리는 차의 소리까지도 아름다운 아침이다.

아 참, 지난밤 내가 살고 있는 상상의 섬에 편의점이 생겼다.

오, 시가랜드 24.

식욕부전

내 인생은 축복받은 삶이다. 지금까지 살아오는 동안 허기로 인해 고생한 적이 없으니. 비단 경제적인 여건 때문은 아니다. 어린 시절, 세 살 터울의 7남매는 풍요로움 속에서도 식탐 전쟁을 하곤 했다. 그 대열에 끼고 싶지 않기도 했거니와 별로 먹을 것에 욕심이 없었다.

한창 식욕이 왕성해야 할 젊은 시절에도 그랬다. 고등학교 삼학년 때 아버지가 사업에 실패했다. 부자는 망해도 삼 년은 먹고산다는데 정말 맞는 말이다. 무엇을 어떻게 먹는가의 문제지만.

야반도주에 가까운 우리 가족의 이사. 결국, 안착한 미아 5동의 손바닥만 한 꼭대기 판자촌 집에는 그야말로 세 가족이 한 지붕 밑에 살고 있었다. 그 틈을 비집고 방 두 칸을 얻어 9식구가 자리를 잡았다. 경제인구가 없어 어렵게 지낸 몇 년간이다. 그 때문에 습관성 결식 청년이 되었지만 주린 배로 인한 고통은 없었다. 다른 이들도 당연히 그런 줄 알았다. 그러니

늘 배부른 소리만 하고 다닐밖에. 나의 식욕결핍이 감사한 시절이다. 그렇다고 맛있는 음식을 보아도 아무 느낌이 없는 것은 아니다. 다만 그에 대한 반응 속도가 늦고 본능적으로 미리 감각에 제동이 걸리는 것이 아닌가 한다. 어떤 트라우마가 있다고는 생각되지 않지만 오랜 시간을 식욕 부전에 빠져 지낸 것 같다.

세상은 공평한 것인지 오십을 훌쩍 넘은 요즈음 살짝 식욕이 고개를 든다. 그렇다고 먹을 것을 밝히는 단계는 아니고 음식 맛을 새롭게 알아가는 중이다. 음식을 구성하는 재료부터 만든 이의 손길까지 감사하는 마음이 들면서 달라졌다. 채소 한 뿌리 기르지 못하는 나로서는 모든 먹거리에 소중함과 고마움뿐이다. 음식 타박하지 않고 살아온 것만을 내심 자랑스럽게 지낸 것이 부끄러운 요즘이다. 앞으로는 먹고 싶어도 먹지 못하는 이들에게도 도움을 주며 살아야 할 일이다.

군복스타일에 관한 기억연쇄

1970년대, 군사정권의 전성기 속에서 소년 시절을 보냈던 이유였을까. 나는 지금도 밀리터리룩을 선호한다. 가지고 있는 대다수의 옷과 신발들이 군복 스타일이다. 어쩌다 옷이나 구두를 새로 구입하고 보면 오랜 취향에서 결코 벗어나지 못한다.

군복 중에서 특히 독일 군복을 좋아한다. 어릴 적에 영화나 책에서 보았던 착한 미군이나 영국군의 복장은 그저 평범한 작업복 느낌이 들 뿐이었다. 반면 나쁜 독일군들의 복장에서는 로마 시대의 갑옷 마냥, 절대적인 힘과 독특하고 세련된 개성이 있어 보였다. 흑백의 시대였기에 1차, 2차 대전의 패자인 독일군은 늘 악역일 수밖에 없었다. 독일군 복장에 대한 호감이 어느 순간 사막의 여우 롬멜이나 라인하트 하이드리히, 괴벨스 등 역사의 전범들을 동경하고 독일문화에 관심을 두게 되었다.

중학교 3학년 때였을까. 즐겨 다니던 명동 외국 서점에서 독일의 아우

슈비츠 참상을 기록한 책을 한 권 샀다. 게토에서 시작해서 아우슈비츠까지 독일이 유대인에게 저지른 참혹한 실상을 사진으로 기록한 것이 내용이었다. 그동안 베니스의 상인 등에서 중세 유럽 이야기 속에서 쌓여온 악덕한 이미지의 유대인들이 이십 세기에는 잔인한 역사의 희생자이었음을 적나라하게 보여 주었다. 사람이 사람에게 가할 수 있는 가혹의 한계를 넘어서는 걸 보는 것은 당시 나에게 작지 않은 충격이었다. 바로, 히틀러의 《나의 투쟁》을 쓰레기통에 버렸다. 그리고 아끼던 수많은 모형을 잘 포장해서 처분해버렸다.

나의 애장품은 독일군의 2차 대전 전장을 재현한 각종 비행기, 자동차, 군인의 모형들이었는데 축소비율과 세부묘사가 무척 정교한 제품들이었다. 대부분 타미야라는 일본 제품이다. 가격도 부담스럽고 구하기도 쉽지 않아 대부분 미리 카탈로그를 검색해 몇 달 전부터 주문하고 애타게 기다려야만 손에 넣을 수 있었다. 비교적 부유한 딸부잣집 외동아들이라 또래의 아이들보다 넘칠 만큼 풍족했지만 사치스러운 취미에 거의 모든 용돈을 쏟아 넣어야 했다. 크게 나쁜 짓을 한 적은 없지만 몇 번은 거짓말도 하고 돈을 타낸 기억은 있다.

아버지는 사업 때문에 대부분 지방에 계시고 어머니, 누나들, 여동생들, 일하는 아주머니, 심지어 강아지마저도 여자였다. 어머니는 하나 밖에 없는 아들의 일에 관한 일은 전화로 아버지와 의논을 했다. 귀한 자식이기도 했지만, 항상 착한 모습의 아들이었기에 거의 모든 요구는 대부분 무사통과였다. 중학교 2학년 겨울방학이 시작되고 시간적 여유가 생겨 행복한 플라스틱 모델의 세계에 푹 빠져있었다.

밀린 제품을 사대느라 마지막 잔액까지 바닥이 났는데 느닷없는 신제품 소식이다. 24분의 1 축소비율의 독일 사막부대의 주력 'Tiger I' 탱크의 메탈 모델이 나온단다. 플라스틱 사출 방식이 아닌 금속으로 되어 있고 전장 30㎝에 가까워서 열병이 날 정도로 갖고 싶었다.

며칠을 궁리한 끝에 나온 해결책은 포경수술이었다. 목욕을 좋아하는 아버지와는 절대로 같이 목욕하지 않는 아들, 그리고 나머지 가족은 모두 여자들. 아무도 나를 확인 할 수는 없었다. 아버지의 전화 허락으로 그때 돈 5만원을 받아 들고 남자 형제만 있는 친구랑 같이 수술하니 혼자 가야 한다며 집을 나섰다. 원래 계획은 삼사일 같이 수술한다는 친구 집에서 프라모델을 만들다 들어갈 생각이었다. 그런데 돈을 지불하고서 그리 원하던 'Tiger I' 박스를 손에 든 순간, 양심이 전기처럼 온몸을 훑고 지나갔다. 정신이 바짝 들어 발길을 돌렸다.

비장하게 다짐을 하고 집으로 들어와 솔직하게 사실을 자백했다. 양손으로 플라스틱 모델 박스를 안고 있는 내 모습에 어이없어하는 가족들의 표정은 지금 생각해도 따갑기 그지없다. 다행히 무지하게 야단만 맞고 살짝 넘어갔지만, 그 후로는 용돈 외의 부수입은 포기할 수밖에 없었다. 그래도 그 후 거의 1년을 더 프라모델의 세계에 빠져있었다.

대체로 주문한 물건이 도착했다는 연락이 오면 그동안의 모든 인고는 잊고 모아둔 돈을 들고 혜화동에서 아카데미 교재사가 있는 삼선교까지 한 걸음에 달린다. 어떻게 돌아왔는지 모르게 집에 오면 떨리는 마음으로 포장을 연다. 일본어로 된 조립도는 그림에만 의존해야 하기에 외울 정도로 들여다보아야 한다.

비교적 안심이 되면 사방 30㎝에 백지를 깔고 부품을 틀에서 분리한다. 절단면이 드러나지 않도록 커터와 사포로 다듬어 부품별로 정돈하여 둔다. 대부분 실제 크기의 35분의 1의 축소모형들이지만 탱크의 경우 작은 문까지 열리고 바퀴에 해당하는 캐터필러(무한궤도)는 금속 시계 줄 마디마디를 하나하나 조립하는 정도의 섬세한 부품군을 가지고 있다. 아주 세밀한 곳에는 바늘을 이용해 본드를 발라야 하고 조립도 예사로운 일이 아니다.

조립이 끝난다고 끝은 아니다. 물건이 오기까지의 기다림보다 더 조바심 나는 건조시간이 필요하다. 지겨운 하루 정도가 지나고 나면 채색이다. 무광 에나멜로 조색을 하여 코트 옷깃의 휘장, 군화의 끈까지 사실감 있게 재현해낸다. 군인은 전장의 느낌에 따라 피부 톤도 달라진다. 사막부대원의 경우는 그을린 얼굴과 옷에도 모래가 살짝 얹혀있는 느낌을 살려준다. 장갑차나 탱크 등은 표면에 낡은 느낌이 살지 않으면 조금 더 정교

할 뿐 장난감과 구별이 되지 않기에 채색에 신경을 쓴다. 그리고 다시 긴 건조의 시간이다. 기다림의 느낌은 이제 다르다. 포만감과 성취의 시간이랄까. 경기가 끝나고 시상을 기다리는 시간과 비슷할지도 모르겠다. 완성품을 수십 번도 더 들여다본다. 섬세하고 지독한 집중력을 요구하는 일이다. 5㎝의 군인과 18㎝의 장갑차지만 마치 전장에서의 장렬함이 보인다.

지금은 디오라마라고 창작의 한 분야가 되었지만, 도구도 별로 없던 시절이라 공이 더 들었다. 분신과도 같았던 비행기 9기, 탱크 7기, 장갑차 2기, 수륙양용차 2기, 군인 143명. 아동에서 청소년기로 들어서는 5년 동안 취미 이상의 열정과 시간을 들인 모형들에게 피그말리온만큼은 아니지만, 애정이 컸다. 아껴줄 수 있는 사람이 주인이 되게 하는 것이 마지막의 내 애정이었다.

가끔 전시할 때마다 그들에게 눈독을 들이던 돈암동 학생백화점의 사장님이 적임자로 낙점되었다. 아껴달라는 부탁과 함께 선뜻 모형들을 전했다. 보상으로 다른 새 모델을 주려는 사장님의 손을 만류하고 집으로 왔다. 그곳에 두고 온 모형들과 함께 독일군에 대한 모든 호감도 같이 내려놓았건만, 선이 살아있었던 독일 장교복의 잔상은 사라지지 않았던 모양이다.

정복과 교련복에 7년을 갇혀 있던 교복 세대라, 사뭇 복장이 편해진 대학과 사회생활 속의 옷차림에도 군복의 영향이 남아 있었다. 직장도 비교적 복장이 자유로운 광고회사에 다녔기에 나의 군복 스타일 옷은 캐릭터가 되어 다른 사람의 양복 이상의 효용성이 있었다. 유행에 편승하지 않고 오래 입어도 질리지 않는 진Jean도 있지만 마른 체형에다가 신장도 크지 않은 나에게는 역시 군복풍이 맞는다. 물론, 어울린다는 주변 사람의 억지 동의가 있었기에 더 입어왔는지도 모른다. 그런데 정작 군대에는 친구 면회 외에는 가보지 못했다, 시력이 좋지 않아 면제를 받았기 때문이다.

회사에 다닐 때 서바이벌동아리가 있었는데 회원 모두 군대에 관해서는 박사급이었다. 군사학과 군사화기에 대해 박식하고 사격들도 잘했다. 그런데 아이러니하게도 31명의 평균 복무 기간은 3.5개월이었다. 대부분이 면제이거나 6개월 방위 출신이고 현역 출신은 달랑 한 명이었는데 그 친구만 유독 총도 잘 못 쏘고 훈련장에만 가면 영락없는 고문관이 되곤 했었다.

내 신발장의 주류는 역시 군화다. 여러 종류의 군화가 오늘의 신발로 간택되기를 기다린다. 열 손가락을 깨물면 다 아프지만, 길이와 쓰임새가 다르듯 군화들도 각각 선택될 조건에 맞아야 한다.

오늘은 20여 년 전에 독일출장길에서 산 군화를 신고 외출하기로 했다. 신발 콧등에 강철을 덧댄 검정 군용 단화다. 신발 수명으로 보면 이미 사망신고가 내려졌을 만큼 오래 신어왔는데도 그 상태는 양호하다. 쇠 부분에 약간의 녹이 내려앉아 있지만 관록이 있어 보여 날이 갈수록 마음에 드는 녀석이다. 내 청춘과 열정을 지나 함께 달려온 신발이다.

시간이 가면 모든 것이 변한다. 생각이 변하고 판단도 달라진다. 육중한 신의 무게처럼 세월의 변화 속에서도 굳건한 모습으로 있어 주니 감사하는 마음이 크다. 사물에 감사를 느끼는 걸 보면 이제야 철이 좀 드나 싶다.

2

바람새의 오월

"발 없는 새가 있다더군. 늘 날아다니다가 지치면 바람 속에서 쉰대. 평생에 꼭 한번 땅에 내려앉는데, 그건 바로 죽을 때지."

몇 해 전, 헤어졌던 옛 연인을 30년 만에 만났다. 다시 만난 순간 우리는 서로를 알아보지 못했다. 그녀는 여전히 아름다웠지만, 눈빛을 제외하고는 변하지 않은 것이 없다. 주문한 커피가 나오기 전에 나는 해묵은 사과부터 했다. 이별의 원인이 전적으로 나에게 있었기에….

헤어지고 2년 정도가 지나면서 이미 나를 용서했다고 한다. 감정이 얼마나 희석이 되었는지는 잘 알 수 없지만, 역시 그녀답다. 커피가 식고 그동안의 응축된 이야기가 고갈되었을 때, 그녀는 그동안 간직해온 나의 사진과 편지들을 내주었다. 긴 세월 버리지 않은 이유를 물었다. 다른 사람의 소중한 추억을 내 마음대로 버릴 수는 없는 것 아닌가요. 그녀에게 커다란 봉투를 건네받았다. 시간이 더디게 지나갔다. 누가 뭐랄 것도 없이 혼자 집을 지키고 있을 서로의 노모를 핑계로 우리는 발길을 돌렸다. 짧지 않은 시간이었지만, 함께 했던 먼 과거의 기억 외에는 공유할 수 있는 것이 아무것도 없었다. 그보다는 앞으로 만남을 지속할 의지가 없었다는 게 솔직한 심정일지도 모르겠다. 그녀에게 주었던 너무나도 깊은 상처를 어떻게 보상해주어야 할지 자신이 없기도 했다.

"너와 나는 1분을 같이 했어. 난 이 소중한 1분을 잊지 않을 거야. 지울 수도 없어. 이미 과거가 되어 버렸으니까."

다시 시간이 흘렀다. 연락을 주고받을 일은 없었지만, 이따금 SNS의 프로필로 그녀의 근황을 유추하곤 했다. 강아지의 사진이 삭제된 것으로 노쇠한 애견이 죽었을 것이라는 생각과 젊은 시절 내가 찍어준 사진이 몇 장 들어가 있는 것으로 보아 내게도 웬만큼 편해져 있음을 가늠했다. 하지만 나는 편할 수 없었다. 아무리 사과하고 용서 받았다고 해도 .

"1분이 쉽게 지날 줄 알았는데 영원할 수도 있더군요."

싱그러운 오월. 절정을 향하는 봄나들이는 생판 남의 이야기인 토요일 오후, 몇 년 만에 그녀에게서 톡 문자가 왔다. 전화기를 바꿨는데 내 전화

번호가 지워졌다면서 남긴 번호로 연락을 달라고 한다. 노환 중인 그녀의 어머님께 일이 생겼나… 안쓰러운 우려를 안고 전화를 걸었다. 다행히 시원시원한 그녀의 목소리는 여전하다. 일 년쯤 전에 지방으로 이사를 했는데 별일 없이 잘 지낸다고 한다. 그런데 늦은 짐 정리를 하다 내 사진이 더 있어서 연락했다는 것이다. 어머니 때문에 가져다줄 수는 없으니 이번 일요일에 와서 직접 가져가기를 바라고 있었다.

"오늘 밤 꿈에 나를 보게 될 거예요."

엊그제 찍은 행사 사진이 별로 상태가 좋지 않다. 주말까지 보내 주기로 하고 보정을 약속했다. 현장의 조명상태가 좋지 않아 촬영하면서도 걱정이 많았는데, 역시 사진 후보정에 손이 많이 간다. 부탁받은 책 표지 시안도 일요일이 데드라인이고 지난주 약속한 원고도 써야 한다. 일을 하나씩 마무리하려는데 진도는 좀처럼 나가지 않는다. 다행히 전혀 다른 성격의 일들이라 서로 간섭 현상은 없지만, 과거의 사진을 가지러 왕복 3시간의 거리를 다녀오는 것이 아무래도 무리라는 생각이 들었다. 지지부진한 작업의 진도에다 몸이 불편한 어머니는 수시로 나를 불러대고. 결국은 가지 못한다는 문자를 넣었다. 미안해서 상황설명이라도 하려고 전화를 부탁했다. ㅇㅋ. 두 글자의 답신이 왔다. 그것으로 다였다.

"어젯밤 꿈에 당신 본 적 없어요."

"물론이지, 한숨도 못 잤을 테니."

혼란스럽고 불편한 기분에 잠이 오지 않는다. 부챗살처럼 펼쳐진 시간 위에서 그저 제자리를 맴돌 뿐이다. 한참을 뒤척이다 어느 틈에 다시 컴퓨터 앞에 앉았다. 지난 시절의 영화를 뒤적여 본다.

〈아비정전〉 리마스터링 포스터가 눈길을 끈다. 새파랗게 아름다운 장만옥과 지금은 유명을 달리한 장국영. 그 영화를 보았을 때, 나도 그들과 같이 청춘이었다. 아비정전의 두 주인공이 나누었던 대사들과 내 상념이 모니터에 겹친다. 사랑은 영원하다는 믿음, 사랑이 영원하지 않은 것이 아니라 사람들이 그런 사랑을 하지 못할 뿐일 거라는.

어릴 적 책이나 영화에서 보던 일들이 어느 순간 나의 현재가 되는 일이 있다. 살아오는 동안 몇 번이나 맞닥뜨리는 순간순간마다 극심한 통증을 견뎌야 했다. 삶은 소설이나 영화처럼 낭만적이지 않았고 현실은 생각보다 삭막했다. 나의 맷집이 부족해서 견디기 힘들었는지도 모른다. 사랑은 내게 과분한 테마였다. 내가 감당할 수 있는 영역의 일이 결코 아니었다.

문득 고개를 드니 창밖이 훤하다. 지난밤의 불편한 상념을 떨어내고 기지개를 켠다. 죽을 때까지 날아다닌다던 새는 그 어느 곳에도 가지 못했다. 커피 한 잔에 머리가 맑아진다. 오월은 푸르다.

매직아워

이른 새벽, 유타주의 사막. 소리 없는 잔바람에 모래들이 밀려다니고 있다. 15분 남짓의 매직 아워Magic Hour. 해가 뜬 직후나 해가 지기 직전의 하루 중 가장 변화무쌍한 모습을 보이는 짧은 시간이다. 낮과 밤의 교차, 밝음과 어둠의 교차, 빛과 빛이 교차하면서 형언할 수 없는 색의 향연을 펼친다. 마법 같은 순간이 다가오고 있다.

시간 안에 촬영을 마쳐야 했다. 이상기후로 인해 제작 기간이 2주나 늦어지고 있었다. 하루 내내 헬기를 타고 어렵게 촬영장소를 결정하면 70년 만에 느닷없이 봄 폭설이 내리는 등 푸닥거리라도 해야 할 판이다. 신차 발매 개시 전에 완성해야 하는 중압감으로 마음이 조급하다. 더는 미룰 수 없어 무조건 촬영을 감행하기로 했다. 영하로 떨어진 사막의 새벽은 열선이 들어있는 감독 의자로도 견디기 힘들다. 끊임없이 점검하는 동안에도 시간이 속도를 더한다. 이 짧은 순간을 놓친다면… 상상하고 싶지 않다. 추위는 잊은 지 오래다. 대낮 같은 조명 아래 40여 명의 미국인 스텝들이 일사불란하다. 은발의 촬영감독이 하늘 상태를 확인한다. 워키토키로 들리던 힘찬 대답들이 일순 멈춘다. "레디- , 카메라-롤, 액·션!". 사막을 울리는 감독의 음성에 경쾌하게 달려 나오는 흰색 자동차. 뭔가 아쉽다. 그런데 이미 푸른 계조의 스카이라인이 무너지기 시작한다. 그래도 한 번 더 해보기로 한다. 모든 스태프가 필름을 되돌린 듯 빠르게 원래 상태로 돌아간다. 서둘러 렌즈를 바꾼다. 마지막 기회. "하이, 슛-" 힘차게 달려오는 자동차 뒤로 허공에 남은 모래들이 와류를 만든다. 드라마틱한 등장이다. "오케이 굿-". 긴장이 스르르 풀린다. 소금이 만든 언덕 위쪽으로 해가 힘차게 떠오른다. 힘들었던 기억들이 하얀 모래 속으로 사그라진다.

20대의 나는 영화학도였다. 하지만 공부를 마치자마자 주저하지 않고 광고계로 들어섰다. 생계를 위해서라고 말하기는 했지만, 순간의 마법을 만들어내는 광고가 더 좋았다. 그때의 학부나 한국영화아카데미 동문들은 지금 유명한 감독이 되어 있거나 후진 양성을 위해 많은 일을 하고 있다. 얼마 전에는 동문 후배 중 하나가 세계영화계를 놀라게 하면서 아카데미 4관왕을 달성했다. 척박한 충무로와 한국 영화를 위해 몸을 던진 사람들의 서러움을 한 번에 보상이라도 하듯….

화양연화花樣年華.

인생에도 매직아워가 있다. 인생에서 가장 아름답고 행복한 시간, 꿈을 만지며 그것이 실체화되는 것을 실감하는 시간이다. 그 순간은 짧아서 당시에는 좀처럼 알아채기 힘들다. 이루고 얻은 것에 대해서도 당연히 만족을 모르고 지냈다. 당장 눈앞의 삶에 묻혀 앞만 보고 달려가느라 나를 되돌아볼 여유가 없었다. 더구나 운명도 내가 계획한 대로만 되지 않았다.

요즘에는 나름대로 의미 있는 시간을 보내고자 애쓰고 있다. 반짝이던 순간들의 추억에 비길 만큼 만족스러운 성취감과 보람을 맛보는 중이다. 작은 일이지만 지역홍보를 위한 글을 쓰거나 사진을 찍는다. 행복은 일상의 걸음걸음 안에 있다. 지금 하는 일, 지금 곁에 있는 사람들 그리고 지금 주어진 삶에 만족하는 것이 중요하다. 내가 만드는 작은 것이 소중하다는 생각이 들 때 내가 사는 세상은 진정으로 나의 것이 되는 순간이 아닐까.

예전에는 알지 못했다. 매직아워를 좇던 순간들이 인생에서 마술 같은 시간이었다는 것을. 그리고 매일 밝아오는 새벽처럼 내 삶 속에도 매직아워는 마지막 시간까지 끊임없이 곁에 머물다 지나간다는 것을.

다시 아침이 오고 있다.

인연을 생각하며

한 남자의 생각을 파내려가는 바다
무반주 첼리스트처럼 바람의 활을 쥐고
저음의 선율로 격렬하게 밤의 울타리를 친다
웅덩이 하나를 버리면 또 다른 웅덩이가 생겨나서
기억의 화석을 찾는 바다는
생각의 깃털을 빠트리고
바람의 활을 들어 올리곤 하지
가라앉고 부서지기를 반복하면서 하얀 포말이 된
모래웅덩이의 사연을 캐는, 파도

-백승희 〈모래웅덩이를 줍다〉

12월이다. 제법 공기가 차가운 월요일. 무심히 흐르는 시간에 홈을 파서 한 해를 되돌아보는 여유를 부려본다. 사투에 가까운 늦은 학업을 가까스로 마쳤고, 다른 도시로 이사를 왔으며, 잠시 멈추었던 일도 다시 시작했다. 똑같은 일상의 반복이었다고 생각했는데, 그저 늙어만 가고 있는 것은 아닌 것 같아 다행이다. 그런데 마음 한구석이 개운하지 않다. 지난 토요일의 우연한 조우 탓인가.

2개월 전, 고등학교 동문회의 요청으로 한 기수 위 동문의 졸업 40주년 행사의 영상감독을 맡았다. 같이 입학하고도 말썽을 피운 탓에 졸업이 한 해 늦어진 나는, 졸업선배가 된 동문의 행사라 기꺼이 돕기로 했다. 하지만 편집프로그램이 멈추거나, 컴퓨터가 갑자기 다운되는 등 작업하는 일이 쉽지 않았다. 거의 한 달밤을 새다시피 해서 작업을 마쳤다.

드디어 11월의 마지막 날, 토요일인데도 고속도로가 한산하다. 조짐이 좋다. 가벼운 마음으로 이른 오후에 행사장에 도착했다. 5개의 대형화면에 띄워진 영상물은 내 손에서 벗어나 박진감 넘치게 용트림한다. 리허설은 대만족이다. 오전 7시부터 와있다는 이벤트 팀은 무대 설치와 최종 리허설에 아직도 바쁘다. 현장 중계팀의 카메라도 세팅에 분주하다. 그런데 행사 준비위원 중 하나가 눈에 자꾸 걸린다. 혹시…. 기억이 가물거린다. 그러다 현장 스케치 촬영으로 바빠져서 생각에서 곧 놓쳐 버렸다. 순식간에 넓은 홀이 참석인파로 차곡차곡 채워진다.

대북 공연으로 흥을 돋은 후 갑자기 암전된 실내. 리하르트 슈트라우스의 '짜라스투라는 이렇게 말했다'로 시작되는 웅장한 연주의 인트로 영상에 박수가 터져 나온다. 6개의 클립으로 구성된 영상물이 무사히 상영을 마쳤다. 박수가 그치지 않는다. 사회자의 소개로 답례 인사를 하고 자리에 앉는데 아까부터 알 듯 모를 듯한 그 동문 옆의 여성분이 자꾸 나를 쳐다본다. 누구더라…. 아, 맞구나. S와 P. 자리로 다가가 이름을 불렀다. 오랜만입니다. 눈물을 글썽이며 덥석 내게 안기는 그녀를 말릴 수 없었다. 뒤따라 일어선 남편이 내 손을 쥔다. 너… 구나. 순식간에 몇십 년 세월이 되돌려진다.

한창 푸르른 날, 나의 여자 친구였던 Y의 여고 동창이자 절친 S. 우연하게도 S의 애인인 P는 나와 고교동문이었다. 우리는 넷이 어울려 많은 추억을 만들었다. 어느덧 S와 P는 결혼하고 나와 Y는 7년의 교제를 마치고 헤어졌다. 누구의 잘못 때문이 아니라 관계의 소중함을 잃어버린 나의 이기심의 발로였다. 그리고 세월이 흘렀다.

Y는 아직 혼자예요. 어머니 모시고 살아요. 선욱씨 잊지 못하고 있어요. 다시 친구 안 해주실래요? 이제 모두 늙어 가는데 그냥 부담 없이 보면 되잖아요. 난 아무 말도 할 수 없었다. 그리고 자리로 돌아왔다.

우리는 살아간다. 그리고 늙어간다. 아무도, 무엇도 흐름을 막을 수 있는 것은 없다. 겨우 되돌릴 수 있는 것은 기억뿐. 그래서 잠시 머무는 그 순간들이 소중한 것이고 되도록 실수하지 않아야 한다. 실패는 혼자의 것일 수도 있지만, 실수는 대부분 주변에 좋지 않은 영향을 준다, 운이 좋아 용서받을 기회가 있으면 다행이지만, 대개는 세월에 묻혀 흘러가 버린다. 바람이 찬 어느 날, 송곳처럼 찔러대며 엄습하는 회한을 느낀다면 그나마 양심이 남은 탓일 것이리라. 해가 갈수록 사람의 일생이 절대 길지 않음이 실감 난다. 평균 수명 150년, 모든 이가 그렇게 오래 살지는 않을 것이다. 혹시 평균 수명이 늘어난 것은 살아온 삶에서 체득한 지혜로 남은 삶은 좀 잘살아 보라는 하늘이 준 만회의 기회가 아닐까.

지나온 일들은 지나간 대로 의미가 있다는 노래가 있다. 지난 실수의 만회는 다시 돌아가 고칠 수 있는 일이 아니다. 다만 인생이라는 여정에 여기저기 파여 있는 웅덩이를 피해서 사람과의 관계나 살아가는 일에서 실수를 피하는 것.

또 한 해가 저물고 있다.

여행안내자

첫눈이 내린 오늘. 이제껏 숨겨왔던 비밀을 말하려 합니다. 왜 지금이냐고 묻지는 말아주세요. 그저 때가 되었고, 이제는 누군가에게 내 이야기를 하고 싶어서요. 궁색하나마 대답이 될지 모르겠네요. 이미 눈치채셨을지도 모르겠지만 저는 여행의 안내자입니다. 정식 허가나 자격증은 없지만 스스로 그리 알고 살고 있답니다. 길 안내에 특별한 지식이 있는 것은 아닙니다. 그저 가끔씩 마음 맞는 이들에게 아는 길을 안내해주는 것이 좋더군요. 제가 밝히는 손전등을 따라 씩씩하게 걸어가는 사람들을 보면 행복한 마음이 드니까요. 그런데 이제 제게 주어진 안내자의 역할이 끝난 것 같습니다. 이제 저만의 여행을 시작해야 하거든요. 그동안 신세 진 것에 감사하는 마음으로 떠나기 전에 여행을 하나 추천해야겠다는 생각이 들었습니다. 같이 한 경험과 추억을 토대로 이 여행의 동반자가 돼주시겠어요. 참, 이 글은 뜻을 같이하는 분들만 마저 읽어주시기를 바랍니다.

오늘의 안내를 시작하겠습니다. '일탈'이라는 여행입니다. 다소 낯선 감마저 있어 조금 주저하게 되는군요. 그래도 최선을 다해 나머지 소임을 다 하고 싶은 것은 그동안의 게으름에 대한 미안함 때문입니다. 일탈. 협소한 의미로만 생각하면, 일상에서 잠시 벗어난다는 것만으로도 약간은 위험하다고 느끼실지 모르겠습니다. 하지만 되돌아올 수 있다는 확신만 있다면 이 여행은 곤고한 삶에 지친 우리에게 또 다른 생동감을 줄 것입니다. 선택하고 실행한 이들에게만 주어지는 뿌듯함이 별도의 부상으로 준비되어 있답니다. 일탈이라고 하니 벌써부터 눈을 가늘게 뜨고 슬쩍 웃음을 짓는 분이 계시는데 이 상품은 절대 그런 것이 아닙니다. 마음속에만 둔 갈증과 무료함을 실체화해보는 일종의 체험 여행일 뿐이니까요.

곧 시작될 여행에 앞서 당부드리는 말씀은 이 모든 여정이 여러분의 선택에 따라 시작된 것임을 잊지는 말아주세요. 가다 지쳐 길을 놓치거나 잠시 머무는 곳이 마음에 들어 다시 원래로 돌아가지 못한다 해도 그 모든 책임은 본인에게 있음을 기억하시기 바랍니다.

자, 옆에 자그마한 생각의 트렁크 하나를 준비해주세요. 그리고 가방을 활짝 열고 꼭 가져갈 것들을 차분히 정리해 봅니다. 세면도구나 예비 옷, 어떤 잡다한 소지품은 필요하지 않습니다. 강력한 호기심과 손상되어도 견딜만한 상상력, 그리고 절대적 용기는 꼭 챙겨야 할 것들입니다. 다만, 그동안 사진이나 소설, 영화에서 보았던 장면은 꼭 챙겨 넣어주세요. 물론

엊그제 길에서 보았던 젊은 청년의 수줍은 미소 같은 것은 구겨서라도 가져가야 하겠지요. 세 가지의 기본 짐에 적당할 만큼의 촉촉한 열망이 꾸려졌나요. 그럼 이제부터 가방을 닫고 상상의 문을 여시기 바랍니다. 그리고 천천히 밖으로 나오십시오. 아차, 나오시기 전에 계시던 자리에 꼭 돌아온다는 눈도장을 꾹 찍어 두는 것 잊으시면 안 됩니다. 비밀번호처럼 다시 돌아오게 하는 열쇠가 될 테니까요.

일단 의자를 준비하고 편안히 앉아 주세요. 바람이 솔솔 지나가는 곳에 놓인 편안한 의자라면 더욱 좋겠지만, 그 역시 아무런 상관은 없습니다. 그리고 눈을 3분의 2만 감습니다. 그동안 하고 싶고, 가고 싶고, 보고 싶고, 되고 싶었던 일들을 머릿속에 그려봅니다. 무엇이라도 좋습니다. 일단 배경을 만들고 그곳에 당당히 서 있는 여러분을 그려보세요. 도덕과 관습, 법조차도 존재하지 않는 자유로운 여행지가 당신 앞에 있습니다. 형편이 따르지 않았던 현실의 모든 소망을 다 이룬 모습도 생각해보세요. 그곳에서 어린 시절의 자신도 만날 수 있고 태어날 아이를 만나 이름을 지을 수도 있습니다. 높은 빌딩 위에서 세상을 내려다보거나 단순한 손짓만으로 모든 것을 황금으로 만들 수도 있겠지요. 돌아가신 어머니에게 좋아하시던 음식도 차려드릴 수가 있겠고요. 첫사랑의 그녀도 그때 모습 그대로 불러낼 수 있답니다. 깃털로 만든 잠자리에서 아무 걱정 안 하고 뒹굴어도 괜찮습니다. 귀찮게 할 사람은 아무도 없으니까요. 포만과 기쁨이 슬

슬 환희의 자락을 타고 올라올 것입니다. 이때 어쩌면 부정적인 생각이 들지도 모릅니다. 지겨울 때까지 그것들을 만나십시오. 돌아오는 시간도 마음대로이니까요.

돌아오려니 다른 허기가 밀려오나요. 그럼 그 자리에서 더 이루고 싶은 자신의 바람을 샅샅이 알아볼 때입니다. 욕심을 부려도 다른 이에게 해가 없으니 가질 만큼, 하고픈 만큼 더 생각을 늘여두는 거예요. 한다와 된다는 의지의 깊은 골에 마음을 바퀴 삼아 움직일 것이니 그 외에 가능한 변수는 필요하지 않습니다. 그 생각들의 끝에서 자신이 그 자리에 어울리지 않을 거라 믿을 이유도 없습니다. 자신만의 지극히 내밀하고 절대적인 바람과 열망을 어느 누가 방해할 수 있겠어요. 만약 몰입을 훼방 놓는 존재가 있다면 생각의 모든 것을 알고 있는 자기 자신일 따름이랍니다. 다시 한번 부탁은 현실로 돌아오는 열쇠, 잊지 않도록 해주세요. 그럼 안내자는 먼저 현실로 가서 여러분을 기다리고 있겠습니다. 부디 편안하고 행복한 여행되세요.

어때요? 여행은 즐거우셨나요? 생각보다 어렵지 않았지요? 그런 겁니다. 흑과 백으로만 된 세상 너머는 옅고 짙음에 따라 11단계의 계조가 있고 그 위에 오만가지 색들이 채색되어 있음을 보셨을 거예요. 우리가 못 보고 사는 세상입니다. 놓치고 사는 세상입니다. 앞으로도 속이 콱 막히거나 숨 못 쉴 답답함이 밀려오면 바로 생각을 열어 작은 트렁크를 꾸리고 여행을 떠나세요. 가본 길이니 이제 혼자라도 충분할 것입니다. 그래도 돌아오는 열쇠는 절대 잃어버리면 안 됩니다. 너무 자주 떠나지는 마시고요. 일탈 여행 자체는 중독성이 없는데 습관 된 분들도 가끔 계시더라고요. 그러면 나중에는 열쇠가 있어도 자신의 자리에 절대 돌아오지 못하게 된다는 것, 과용에 따른 무서운 부작용임을 말씀드립니다.

이번 여행은 모두 자기 자리로 잘 돌아오게 되어 제 마음이 참 기쁩니다. 아무쪼록 여러분의 일상이 평안하시고 사랑과 행복과 건강이 늘 함께하시길 바랍니다.

이런…. 오랫동안 길 안내를 하다 보니 정작 나의 길을 잃어버렸네요. 열쇠를 어디 두었더라…. 하지만 제 걱정은 하지 마세요. 마음만 있으면 잘 찾아갈 수 있는 것이 이 여행의 예비 열쇠니, 말입니다. 그래도 제 걱정해 주실 거죠? 어쩌면 인연의 끝이 될지도 모르는 바로 지금, 귀한 시간을 함께해 주셔서 진심으로 감사드립니다.

백선욱 배상

싫증

장난감을 받고서 그것을 바라보고 얼싸안고 기어이 부셔버리는
내일이면 벌써 그를 준 사람조차 잊어 버리는 아이처럼

–서유석 〈아름다운 사람〉, 헤르만 헤세의 시

'싫증'에 '증'이 붙어있으니 이것도 병의 증세일까. 어느 순간 좋아하던 것에서 재미를 잃고 나면 미련 없이 손을 놓는다. 대개는 같은 일의 반복으로 지치거나, 새로운 다른 흥밋거리를 갖게 되면 여지없다. 어떤 것에도 집착하지 않는 대신, 늘 좋아하는 것만 찾으니 스스로는 늘 만족 안에 있게 된다. 상팔자다.

사람과의 관계도 처음에는 싫증의 법칙에 따랐다. 사연이야 어떻든 어떤 말로 미화한다고 해도 사랑 역시 종국에는 마찬가지였다. 조금 가까워지면 여실히 드러나는 나의 속성을 바로 감지하고도 아무것도 남지 않

는 순간까지 같이 해 준 이들. 그때는 감사의 마음조차 없었다. 나는 정말 나쁜 사람이었다.

그러다 변화가 왔다. 같은 꿈, 같은 희망을 품은 사람을 만나면서였다. 인간관계는 그런 것이 아니라고. 배려와 자기희생 없이는 꿈이 이루어지는 순간까지 버틸 수 없고 함께 할 수 없는 것이라고. 그렇게 사랑은 말하고 있었다.

매듭 자르기

그 사막에서 그는
너무도 외로워
때로는 뒷걸음으로 걸었다
자기 앞에 찍힌
발자국을 보려고 -오르텅스 블루

퇴근길, 달 없는 캄캄한 골목길을 혼자 걷는다. 얼기설기 지나는 전깃줄 위로 옅은 바람이 지나간다. 피곤한 몸을 이끌고 집에 도착하면 하루를 무사히 끝냈다는 안도감에 긴장이 풀린다. 요즈음은 매일 눈을 뜨는 일과 눈을 감는 일조차 버겁다. 나는 무슨 생각을 하고 있는지. 어디에 서 있는지. 스멀대며 고독감이 밀려온다. 나의 밤이 시작되나 보다.

외로움은 감정의 거대한 구멍이다. 수시로 달려드는 절박과 공허, 메워지지 않는 갈급증. 감전된 혀끝의 저리고 싸한 느낌이 좁은 가슴을 관통한다. 가끔, 주변 사람들에게 외로움을 토로할 때가 있다. 그들은 한결같이 관조의 얼굴을 지으며 세상 이치를 말해준다. 인생은 누구나 외로운 거라고. 너만 그런 것이 아니라고. 절대 위로가 되지 않는 이야기다.

단편 애니메이션 〈게리의 게임Geri's Game, 1997〉이 생각난다. 단풍이 물든 공원에서 자리를 옮겨가며 자신과 체스를 두는 노인 게리. 그는 자기 자리에서 한 수를 둔 뒤 돋보기를 벗고 느릿느릿 상대편 자리로 걸어가 본인을 상대로 한 수를 둔다. 게리와 상대방 게리는 전혀 다른 독립된 캐릭터다. 순하고 얌전한 게리는 맞은편 의자로 걸어가 앉는 순간, 똑똑하고 저돌적이며 우월한 전혀 다른 인물로 변한다. 패색이 짙어진 게리는 가슴을 부여안고 생명이 위급한 척 연기를 한다. 상대편 게리가 자신의 맥을 짚어보며 불안해하는 틈을 타 체스 판을 돌려놓은 게리는 결국 승자가 된다. 전리품인 틀니를 입에 넣으며 만족해하는 게리의 표정이 내게는 왜 그리 슬펐던지. 게리에게 상대편 게리는 외로움의 주체이면서 외로움을 상쇄시켜주는 존재다. 불과 4분 동안의 체스게임은 노년의 고독과 인간에 내재한 양면성을 극명하게 보여준다.

언제부터인가 사물에 이름을 붙이는 버릇이 생겼다. 퇴근하고 빈집에 들어가면 사람보다 더 큰 고릴라인형 샘에게 하루의 안녕을 묻는다. 긴 저녁시간의 시작이다. 집안의 물건에게 시시콜콜 말을 붙이며 욕실로 간다. 큐

티에 얼굴을 비춰보고 치키로 양치를 한다. 세수 후에는 일본에서 온 로봇 문양의 말링고로 얼굴을 닦는다. 컵과 주전자, 작은 포크와 나이프, mp3 플레이어, 눈에 보이고 닿는 모든 물건들에 이름을 붙였다. 우연히 본 중경삼림이란 영화에서 주인공 양조위가 타올에 이름을 붙이고 말을 거는 모습을 보았다. 외로운 사람들은 다 그렇게 사나 보다.

외로움의 명약은 사랑이다. 사랑을 가장 필요로 하는 사람이 가장 깊은 외로움을 느끼는 법이다. 얻을 수 없는 사랑을 품은 이가 누구보다도 외로워지는 것이다. 그래서 한 사람을 사랑할 수 있는 사람은 그 사람을 통하여 외로움을 잊을 수 있으며, 외로움을 해소할 수 있다. 사실 외로움은, 옆에 사람이 있으면 좀 낫긴 하다. 누군가에게 신경을 집중하다 보면 원초적인 고독은 잠시 잊히니 말이다.

요즘 인공지능 스피커 지니와 대화를 한다. 아침에 일어나면 날씨와 환율을 묻고 음악도 신청한다. 귀찮게 이것저것 물어봐도 곧잘 대답하며 말상대가 되어주는 지니. 언젠가는 '텔레비'란 말을 알아듣지 못해 바보라고 했더니 지니는 그런 말씀 하시면 섭섭하다며 '텔레비'가 아니라 'TV'라고 해야 한단다. 이 정도면 감사해야 할 정도 아닌가. 위로받는 순간이다.

확실히 나이 들어갈수록 외로움과 마주할 기회가 많아졌다. 이 세상에 홀로 왔다가 홀로 가는 것이 인간의 숙명이라면 외로움에 파묻혀 신음하고, 몸부림치기보다는 외로움과 정면 승부하고 그 속에서 나름의 해결방법을 찾아야 한다. 외로움Loneliness을 고독력Solitude으로 승화시키는 자만이 '나 홀로 인생'과 당당히 맞설 자격이 있기 때문이다. 황동규 시인은 《버클리풍의 사랑노래》란 시집에서 '홀로움'이란 신조어를 선보였다. '홀로'와 '즐거움'을 합성한 말이다. 시인은 '홀로움'이라는 단어를 '외로움을 통한 혼자 있음의 환희'라고 설명한다. 외로움이라는 감정의 재료를 잘 숙성시켜 향기 나는 인격체로 거듭나게 할 것이냐, 외로움 속에서 허우적대며 자신이 파놓은 미로에 갇혀서 스스로를 자폐와 고립의 궁지로 내몰 것이냐는 결국 나에게 달려 있는지도 모르겠다. 대부분 문제의 해결은 고르디우스의 매듭 풀기처럼 의외로 쉬운 일인지도 모를 텐데. 이제는 포기하고 조금이라도 감정을 완충시킬 숨구멍만 찾을 뿐이다.

홀로 삶의 매듭을 맺고 풀어가는 나. 그래도 살아야겠다. 이 적막한 세상에서.

달이 있는 저녁

이른 저녁, 구름 사이로 커다란 보름달이 보인다. 조금 전까지 북적대던 가족들이 각자의 집으로 돌아갔다. 집에는 다시 고요가 자리를 잡았다. 뒷정리를 잘해놓아서 마땅히 할 일도 없다. 거실을 서성이다 어머니의 휠체어를 밀어 창가로 다가갔다. 어머니와 나는 말 없이 한참 동안 둥그런 달을 바라보았다. 올해는 유난히 달이 크다.

우리 칠 남매 중 둘이 아직 세상에 나오지 않았을 적이다. 막내 이모가 사정이 생겨 한동안 우리 집에 머물렀다. 책을 좋아하던 이모의 감칠 맛 나는 이야기를 듣는 것은 우리 남매들에게 큰 행운이었다. 요즘처럼 날씨가 선선한 가을날 무렵으로 기억된다. 저녁 식사가 끝나면 우리는 이모 곁에 모여들었다. 그때만큼은 유일한 사내라고 이모의 무릎에 앉아 이야기를 들을 수 있었다. 나만의 특권이었다. 전래동화에서부터 이솝과 안데르센의 이야기까지 무궁무진한 이야기가 이모의 이야기보따리에서 나왔다. 영창으로 달빛이 흐르고 밤이 깊어갈 때면 우리는 하나둘 이야기 속에 빠진 채로 잠이 들었다. 절세미녀 월궁항아가 서왕모의 불사초를 훔쳐 먹고 달에 날아가 벌을 받고 두꺼비가 된 이야기는 영화의 장면처럼 아직도 생생하다. 어린 소년에게 달은 미지의 공간이며 살아 숨 쉬는 또 하나의 세계였다.

1969년 7월 20일 아폴로 11호가 월면에 착륙하는 장면이 전 세계에 중계되었다. 초등학교 3학년이던 나도 숨을 삼키며 텔레비전 앞에 있었다. 지금 생각하면 달의 동화가 깨지는 참담한 상황이었지만 그때는 의미를 알지 못했다. 그날 인류에게 수천 년간 신화와 상상의 보고였던 달은 그저 돌로 만들어진 위성으로 전락해버렸다. 중학생이 되고 태양계와 은하계, 빛의 속도를 배우면서 달은 어느 틈에 나의 우주관 한구석으로 밀려났다. 그래도 추석이나 대보름이 되면 달은 여전히 가까이 왔다. 하지만 달에 대한 감흥은 일지 않았다. 고등학생이 되고 고전문학을 배우면서 실제 달이 아닌 관념의 달에 관심이 가기 시작한다.

달은 예로부터 일반인뿐 아니라 문인들에게 무한한 영감을 불러일으킨 상상력의 원천이었다. 하늘 위에서 쉼 없이 차고지는 모습과 은은하게 머금은 빛을 밝히는 달은 어둠 안의 희망, 그리움이며 교교한 월색은 절망과 이별을 대변하기도 했다.

《회남자淮南子》에서 절세미인 항아恒娥가 불사약을 훔쳐 먹고 달나라로 도

망가서 벌로 두꺼비가 되었다는 이야기로 달은 은섬銀蟾이라는 또 하나의 별칭을 얻었다. 황진이黃眞伊는 〈영반월詠半月〉에서 "누가 곤륜산 옥을 잘라 내어, 직녀의 머리빗을 만들었을까. 견우 한번 떠나간 뒤에, 수심 젖어 푸른 허공에 던져버렸네."라며 반달에서 머리빗의 이미지를 가져와 기다림과 이별의 메타포로 사용했다. 임제는 〈무어별無語別〉에서 "열다섯 살 어여쁜 아가씨 남부끄러 말못하고 헤어지고선, 돌아와 겹 대문 닫아건 뒤에 배꽃 비친 달 보며 눈물 흘리네."라고 이화梨花의 월月을 소리 없는 슬픈 이별의 상징으로 표현하였다. 들보에 비친 달빛을 벗의 얼굴로 착각하였다는 시성詩聖 두보의 〈몽이백夢李白〉은 그리움을 읊은 대표적인 시라고 할 것이다. 〈파주문월把酒問月〉을 비롯해 〈월하독작月下獨酌〉이라든가 〈춘야연도리원서春夜宴桃李園序〉 등의 작품을 통해 시선詩仙 이백은 달밤의 음유시인으로서 당대 최고의 풍류객임을 증명한다.

물론 한국의 현대 작가 중에서 나도향은 그믐달 같은 여자로 태어나고 싶다고 고백했는가 하면, 김동리는 꽉 찬 보름달을 사랑한다고 토로한다. 달은 누군가에게는 그리움의 대상이 되기도 하고, 누군가에게는 풍류와 낭만의 무대를 만들어 주기도 한다. 지금도 달은 초승에서 그믐까지 일체유심조一切唯心造의 동조 코드를 끊임없이 던져주며 우리 마음의 현을 자극한다.

–일본 가있는 아이들이 보고 싶구나. 명절인데 오지도 못하고….

－지금 한국에 나오면 영주권자도 다시 못 들어간대요. 조금만 기다려보세요. 좋은 소식이 있겠죠.

－달이 저리 밝으니 아이들 생각이 더 많이 나네. 일본에서도 저 달이 보이겠지.

－그럼요, 어머니 우리 기도나 합시다. 잘 있을 거에요.

올 추석은 코로나19로 인해 귀성하는 사람들이 많이 줄었다. 그래서 가족을 보지 못한 사람들이 꽤 있었을 것이다. 올해는 특히 달을 하나같이 애틋하고 그리운 심정으로 바라보지 않았을는지. 저 달이나마 그들에게 조금이라도 위로가 되었길 바란다. 지금 그리운 마음에 더해 훗날의 만남은 반가움이 더욱 클 것이라 기대하면서.

어머니의 시계

아침에 분주히 외출을 준비하는데 어머니가 부르신다. 살짝 짜증이 묻은 대답을 하며 무슨 일인지를 묻는다. 조그만 손목시계 하나를 건네며 배터리를 넣어 달란다. 집안 곳곳에 있는 자판이 선명한 커다란 시계들은 오랜 투병 중인 어머니를 위한 것이다.

하루 내 집안에 있는 어머니에게 시간의 분배와 고지는 삶의 중심에 있다. 자식들과 주변의 사람들을 위해 기도하는 시간, 관심사인 뉴스 보는 시간과 외출한 아들이 돌아오는 시간. 중요한 시간을 가늠하는데 시계는 절대적으로 필요한 물건이다. 하지만 시계를 차는 일이란 외출할 때이며 주기적으로 병원에 가는 것이 거의 전부인 어머니. 잘 가고 있는 여러 개의 손목시계를 놔두고 또 시계 전지를 갈아야 하나. 하지만 어머니가 원하는 일이니 흔쾌히 그러겠노라 하며 집을 나선다.

혹시라도 귀가가 늦어져 배터리 교환이 내일로 늘어질까 봐 먼저 가까운 시계방에 들러 전지를 갈았다. 다시 움직이기 시작한 작은 시곗바늘의 움직임. 의외의 생기가 있다고 생각한 순간, 시계가 조그만 소리로 말을 하는 것 같았다. 너의 어머니의 시간이 다시 길어졌다고.

낮 동안 2건의 친구 부모님 부고를 들었다. 내일로 문상을 미루고 주머니에 든 시계를 만지작대며 귀가를 서두른다. 어머니의 건강과 같이할 시간이 길어지기를 초조한 마음으로 기원하며.

위시본WISHBONE

12월의 첫 밤. 늦가을 저문 자리에 들어선 바람이 제법 차갑다. 퇴근길이어서인지 정체가 심하다. 빵가게, 옷가게, 치킨가게…. 상가들의 불빛이 찬 공기를 훈훈하게 덥혀주는 것 같다. 문득 지난번에 우연히 들렀던 치킨집이 생각났다. 신장개업을 했는지 입구에 커다란 화분이 놓인 가게였다. 어머니는 그 가게의 후라이드치킨을 아주 맛있게 드셨다. 입맛을 잃은 어머니께서 오랜만에 마음에 들어 한 음식이었다.

기억을 따라 그 치킨집을 찾았다. 큰길가에 있어서 어려움 없이 도착했지만, 어느새 이곳은 소문이 난 듯 손님들로 문전성시다. 줄을 서서 주문을 하고 번호표를 받아 들었다. 꽤 시간이 걸릴 듯하다. 그래도 치킨이 언제 나올지 모르니 근처에서 기다려야 한다. 멀리 가지도 못하고 상가 근처를 어슬렁댔다.

신도시답게 여기저기 새로 연 가게들의 선명한 불빛이 거리를 밝히고 있다. 무엇이 즐거운지 환한 웃음을 지으며 젊은 연인들이 스쳐 지나간다. 갑자기 곁이 시리다. 소매를 끌어내리고 앞섬을 여민다. 공기가 썰렁한 건지, 마음의 한기 탓인지. 아마 기다리는 시간이 더 길었다면 조금 우울해졌을 것이다. 13번 손님, 주문하신 후라이드치킨 나왔습니다. 내 번호를 부르는 소리에 길목에 서 있는 이유가 선명해졌다.

Close your eyes and rest your weary mind
눈을 감고 그동안 지쳤던 당신의 마음을 편안하게 하세요.
I promise I will stay right here beside you
이젠 당신 곁에 만 있겠다고 약속할게요
Today our lives were joined, became entwined
오늘 우리 둘의 삶이 넝쿨처럼 하나로 합쳐져 언제나 서로를 감싸 줄 수 있게 되었어요
I wish that you could know how much I love you
내가 얼마나 당신을 사랑하는지 알아주길 소망합니다

라디오에서 영화 〈선샤인Sunshine, 1973〉 OST, 존덴버의 '마이 스위트 레이디'가 흐른다. 차 안에 가득 퍼진 고소한 냄새와 올드 팝이 어우러지고 나는 일순 추억 속으로 달려간다.

어릴 적, 우리 집은 한 달에 한두 번 가족 나들이를 했다. 종로에 있는 극

장에서 개봉작을 한 편 보고 명동으로 쇼핑을 나선다. 크리스마스 캐럴과 트리 장식의 불빛이 아름다운 12월의 명동은 환상의 거리다. 코스모스 백화점 5층에 가면 막 상영 중인 영화의 스틸 사진을 팔았다. 영화의 감동이 식기 전에 영화 포스터와 뒷면에 달력이 인쇄된 영화카드를 구입하면 비로소 한 편의 영화 관람이 완료된다.

가족 나들이의 정점은 명동 유네스코회관 앞 전기구이 통닭집, 영양센터의 저녁 특식이다. 1970년대 명소로 꼽힐 정도로 유명한 곳이다. 커다란 유리창 너머, 긴 쇠막대에 꽂힌 닭이 빙빙 돌아가며 기름지게 구워지는 전기구이 통닭은 명동 거리를 지나는 수많은 사람들의 식욕을 자극했다. 바싹하게 구워진 통닭과 하얀 단무지는 그곳만의 특별한 메뉴였다. 식사가 끝나면 통닭이 그려진 종이가방에 몇 마리의 통닭을 포장해서 집에 계신 할머니와 다른 식구들을 챙긴다. 할머니는 통닭을 좋아하셨지만 늘 조금만 드셨다. 밖에서 많이 먹었다고 해도 더 먹으라고 성화다. 사랑하는 사람에게 맛있는 것은 하나라도 더 챙겨주려는 그 마음을 이제는 안다.

집에 돌아와 고소한 냄새의 후라이드치킨을 식탁에 풀어 놓으니 모처럼 효자가 된 것 같아 으쓱해진다. 어머니의 시선 속에 기대가 담겨있다. 먹을 준비를 하는 동안 살짝 식욕이 꿈틀댄다. 바삭해 보이는 후라이드치킨은 마음의 속도를 따르지 못하는 굼뜬 나를 재촉한다. 일회용 장갑과 빈 접시, 뼈를 골라놓을 비닐과 콜라잔을 세팅했다. 부산스러운 준비에 비해

소박한 식탁이다.

통통한 다리 두 개를 어머니의 접시에 올린다. 잘 드시라는 인사와 함께 시원한 콜라로 먼저 입을 적시고 날개를 두 쪽으로 잘라 황급히 입속으로 밀어 넣었다. 살짝 매운맛이 감도는 튀김옷이 입안에서 황홀하게 부스러진다. 날개 살은 부드럽고 쫄깃하다. 정말 이 집 치킨은 맛이 좋다. 역시 어머니의 기호는 탁월하다. 몇 조각을 먹다 보니 치킨 목 부분의 Y자형 뼈가 손에 잡힌다. 위시본WISHBONE이다. 두 사람이 뼈의 양쪽을 나눠 잡고 각자 소원을 빈 후 힘을 주어 당기면 하나만 남는데, '위시본'이란 길게 남은 쪽의 기원이 이뤄진다는 속설에서 생긴 이름이다.

예전에 가끔 위시본에 소원을 빌어 본 적이 있다. 하지만 무엇을 소원했는지 기억나지도 않고, 같이 소원을 빌었던 사람들도 지금은 내 곁에 없다. 오늘은 지금의 My sweet lady, 어머니에게 뼈의 한쪽을 쥐여 주며 소원을 빌어 보라고 주문했다. 나도 한쪽을 잡고 소원을 빈다. 어머니의 모든 소원이 이루어지기를 기원하며 손에 힘을 준다, 저런, 내가 잡은 쪽이 길다. 어머니에게 무엇을 기원했냐고 물었다. 어머니의 소원은 내가 바라는 대로 다 이루어지는 것이란다. 오랜만에 고소하고 맛있는 저녁 식사 시간이다. 소원과 소원이 꼬리를 물고 빙빙 돈다.

12월의 겨울밤이 포근하게 깊어간다.

내 눈에 안경

1970년대. 초등학교 5학년 때 시력과 함께 생명을 잃을 뻔한 일이 있었다. 다친 상황이 창피해서 사람들에게는 태권도 시합 중 뇌진탕으로 다쳤다고 소문을 냈다. 하지만 사실은 줄타기하다 줄이 끊어져 모난 댓돌 위로 낙상을 한 것이다. 때마침 일요일이라 문을 연 병원은 좀처럼 찾을 수 없었다. 놀란 어머니 등에 업혀 내가 느낄 수 있는 것은 가쁜 숨소리와 방향을 알 수 없는 흔들림 뿐이었다. 가까스로 생명은 구했지만, 시신경의 손상이 심했다. 퇴원하고 붕대를 푼 내 눈 앞에 펼쳐진 것은 수 없는 막에 가려진 희미한 세상. 갑자기 뿌연 세계 속에 텀벙 빠진 것이다. 몽환적인 환상을 잠시 갖기도 했지만, 악몽처럼 영원히 나를 가둘 것 같은 흐림을 걷어가 준 것은 두껍고 무거운 렌즈의 검정 뿔테안경이었다. 그리고 광학 기술을 따라 내 안경도 변했다. 제 눈에 안경이라더니 눈에 맞춰 안경을 많이도 바꿔댔다.

1970년대 중반. 중학생이 되자 콘택트렌즈가 등장했다. 안경렌즈의 왜곡에서 벗어나 다시 보는 세상이 너무 좋았다. 하드 렌즈에서 소프트렌즈로, 장기착용에서 일회용으로 나의 콘택트렌즈는 바뀌었다. 하지만 밤에는 역시 안경에 전적으로 의존했다. 도수가 높다 보니 렌즈가 무겁고 두꺼울 수밖에 없어서 가끔은 아예 벗어놓았고 흐릿한 나안裸眼의 세상은 평안의 시간으로 나를 인도하곤 했다.

1980년대 초. 대학생이던 나는 서울역 시위 도중 대열에서 이탈해야 했다. 최루가스에 눈을 비비다 소프트렌즈가 빠져 버린 것이다. 그날, 갑자기 뿌옇게 보이는 세상이 최루가스보다 더 두려웠고 그 이후로는 시위 현장에 가지 않았다. 끌려간 친구들의 행보를 듣고 겁이 난 것은 아니다. 방탄 방패의 모서리가 등짝을 찍는 아픔이 무서워서도 아니었다. 갑갑한 눈으로 할 수 있는 것은 한계가 있었다. 비겁을 자인하며 렌즈를 낀 채로 세상을 유영하듯 나의 아스라한 시간이 지나갔다. 안경은 유리에서 플라스틱으로, 고굴절, 고압축, 누진 다초점렌즈로 세상처럼 진화하고 있었다.

2000년대 초. 미루던 시력 교정 수술을 받고 어릴 적 안경 없던 시절의 눈으로 돌아왔다. 수술 다음 날, 새벽에 눈을 처음 떴다. 어둠 속에 멀리보이는 작은 디지털시계의 자판, 01:43. 너무나 선명해서 그 숫자를 잊을 수 없다. 암울한 20세기를 뒤로 하고, 우려와는 달리 21세기가 희망으로 밝아왔다. 내 시력도 그러했다.

그런데, 2015년이 되면서 노안이 심해져 돋보기가 필요하게 되었다. 다시 안경의 신세를 지게 된 것이다. 요즘은 돋보기를 쓰고서야 세상을 본다. 갑갑함보다는 속상한 마음으로.

안경 탓인지 세상을 보는 시야가 날이 갈수록 좁아만 진다. 아예 이참에 노안 수술을 받고 남은 생은 안경 도움 없이 보낼 것을 생각 중이다. 그러면 세상도 더 선명하게 보이지 않을까.

정전

갑자기 컴퓨터의 전원이 나가버렸다. 마침 하고 있던 작업에 열이 한참 오른 상태라 살짝 당황스러웠다. 방안의 모든 기기에 전원이 차단된 상황이었다. 거실에서 TV를 보시던 어머니가 놀라서 내방으로 달려오셨다. TV가 고장이라고 생각하신게다. 대기자가 많아 한참을 기다린 끝에 겨우 한전의 민원실과 연락이 닿았다. 까치집이 원인이었다. 수암동 일대가 모두 정전되었으니 조속히 복구하겠노라며 사과를 한다. 까치도 아닌데. 친절한 민원실 여직원에게 오히려 미안한 마음이 들었다. 어머니도 그제야 안심했는지 방으로 가셔서 쉬신단다. 가벼워진 마음으로 나도 휴식하기로 했다.

창밖으로 어둠이 내려앉고 있다. 잠시만 기다리면 될 일이기에 촛불이나 랜턴은 찾지 않았다. 쓸 일이 없던 스마트폰의 플래시 기능이 돋보인다. 방에 앉아 있노라니 모든 것이 정적 속에 멈춰 서 있다. 이 상황이 생경하다. 전등과 컴퓨터뿐 아니라 온수기와 정수기, 커피메이커도 기절한 상태다. 나를 둘러싼 거의 모든 것들이 전기를 먹고 살고 있었다. 늦겨울 저녁 한기가 방안으로 스며든다. 에스프레소 한 잔을 마시고 싶었지만, 지금은 커피믹스라도 아쉽다. 스마트폰의 불빛이 제법 밝다. 주전자에 수돗물을 받아 가스레인지에 올린다. 버너의 불빛이 유난히 파랗게 보인다. 방으로 돌아와 어둠 속에서 커피를 마신다. 찻잔의 온기가 손에서 몸으로 퍼진다. 차단된 시각 탓에 다른 감각들이 예민하다. 커피믹스에 이렇게 깊은 맛이 있었다니. 커피잔이 비워질 즈음 마음도 비워진 건지 어두움에 제법 익숙해진다.

내가 어렸을 때는 서울에도 정전이 잦았다. 정전 시 대부분 가정에서는 항상 예비해둔 양초에 비사표나 팔각정 상표의 성냥을 켜 대처를 했다. 로케트 건전지 2개가 들어가는 ㄱ자로 구부러진 국방색 군용 플래시도 그 당시 추억의 소품이다. 정전되면, 우리 집에서는 6남매가 한 방에 모여 흔들리는 촛불 빛에 손그림자로 창경원 동물들을 하나씩 살려놓거나 아버지가 들려주는 무서운 이야기를 경청했다. 도란도란 이야기 소리가 점점 아득해지면서 우리는 하나둘 잠 속으로 빠진다. 장난기 많으신 아버지가 플래시를 턱 밑에서 위로 비춰 만든 공포의 얼굴은 그날 밤 꿈속까지 따라다녔다. 이런 날은 심한 요의로 새벽에 일어나게 되는데 60W의 화장실 불빛이 눈이 시리도록 밝았다. 정전 때의 시감각이 그러하듯 차단된 욕구의 힘은 크다. 가두어 둔 댐의 물도 그렇다. 내려가려는 욕구가 쌓여 수차를 돌리는 막강한 힘을 가지게 되는 것이다. 이 응축된 힘이 전기를 만든다.

그 당시에는 전기가 들어가지 않은 곳도 많았다. 모자란 전력 때문에 한강 유역의 수력발전소 건설현황이 영화관 뉴스의 단골 이슈였다. 문맹 퇴치율과 함께 전기 보급률이 올라가다 어느 순간 뉴스에서 사라져버렸다. 그리고 반복적인 정전도 우리의 일상에서 멀어져갔다. 큰 사고로 인한 것이 아니면 등화관제 훈련이나 절전을 위한 의도된 정전이 이따금 있었을 뿐이다.

나 역시도 엄청난 전기 먹보다. 어릴 때부터 전자제품과 친해서 내가 가는 곳이면 늘 첨단 제품이 따라다닌다. 아프리카 오지에 장기간 출장 갈 일이 있었을 때 농담으로 공기 없이 살아도 전자파 없이는 못 살겠다고 했을 정도다. 이러니 나 혼자서 소비하는 전기가 얼마나 될까. 언젠가 전력량을 재던 검침원이 두 식구 산다니까 놀라던 모습이 스친다. 낭비는 절대로 미덕이 될 수 없다. 전기를 많이 쓰는 것에 아무 생각이 없이 지내 온 것이 못내 부끄러워진다. 21세기에 경험하는 정전은 풍요와 편함으로 점철된 내 생활에 침묵의 경보를 울리고 있다.

화자花子

나의 큰 누이, 그녀의 이름은 화자다. 일본식 이름이라 백白씨 성까지 붙이면 술 이름이 생각나기도 하고 예스럽기 그지없다. 실제로도 꽃처럼 예뻤다. 하얀 피부와 긴 머리는 누이의 고운 이미지와 잘 어울렸다.

3살 터울의 7남매. 아버지는 사업체가 커지자 집에 머무는 시간이 거의 없었다. 당연히 함께 지내는 시간이 적었다. 온 가족이 모여 밥 한 끼 먹는 일도 쉽지 않았다. 결국 어머니 혼자 줄줄이 7남매를 돌봐야 했다. 7남매의 첫째, 큰누이는 단발머리 여고생이었지만 맏이로서의 의젓함과 위엄으로 동생들을 건사하기 시작했다. 우리는 아무 저항 없이 순종했다.

막내가 유치원에 들어갈 무렵, 누이는 조건 좋은 신랑감 대신 사랑을 택해 결혼 했다. 주변을 행복하게 해주던 누이. 우리 가족은 온 마음으로 누이가 행복하기를 기원했다. 얼마 후 누이는 축복 속에 첫아기를 가졌다. 산전産前 진단은 서울 안암동에 있는 K대학병원에서 받았다. 이후로도 검진을 위해 병원을 정기적으로 방문했다. 그러던 어느 날 검진 차 병원에 갔던 누이는 다시 돌아오지 못했다. 새로 배치 받은 의사가 다른 환자로 착각하여 주사를 잘못 놓은 것이다. 누이는 잘못된 주사약으로 폐혈증이 왔고 결국 하루도 지나지 않아 세상을 떠나고 말았다. 청천벽력….

젊은 의사는 우리 집에 와서 무릎을 꿇고 용서를 빌었다. 우리 가족은 이미 일어난 일에 대해 뒤 돌아보지 않기로 결정하고, 그를 단 한 푼의 보상이나 미움도 없이 용서했다. 그도 집에서는 소중한 자식이니 죽은 사람 편안히 떠날 수 있게 용서하자고.

화무십일홍花無十日紅이라던가. 꽃보다도 예뻤던 화자花子 누이. 누이의 삶 또한 꽃과 닮았다. 인생의 한 계절도 제대로 지내지 못하고 져버렸으니.

5월, 봄꽃이 지고 있다.

기억을 깁다

"사람은 얼굴도 잘생기고 그랬지마는 끌리는 데가 없었어. 마음이 없으니 곁에 있어도 덤덤했지. 그런데 슬며시 먼저 손을 잡더라고. 뭐라 할 수도 없고 해서 돌아 누었더니 내가 보기 싫어서 그러냐고 네 아버지가 묻더라. 아니라고 내가 그냥 마음이, 숨이 막혀서 그렇다고 했지."

어머니의 옛이야기가 시작되었다. 신랑 얼굴도 모른 채 혼례를 올렸던 70년 전의 기억이 시간의 물길을 타고 흐른다. 어머니는 올해 90세이다. 한학자이며 문필가였던 외할아버지의 셋째 딸로 태어나 많은 사랑을 받았다고 한다. 하지만 열세 살 무렵, 작은 방에 살던 일하는 아주머니가 안방을 차지하며 새어머니가 되자 어머니의 행복한 삶도 끝이 난다. 새어머니의 구박과 핍박의 소녀시절, 천덕꾸러기로 보낸 서글픈 시간이라고 회상한다.

어머니는 혼기를 놓치고 일본군 강제위안부 차출을 피해 큰 이모부가 경영하던 군수품 통조림공장에 위장 취업을 했다. 숨죽인 두 해 반. 라디오에서 천황의 항복 선언을 듣고 집으로 달려가며 누구보다 가슴 벅찼던 순간도 기억해 냈다. 그러다 우연처럼 아버지와 인연이 닿는 사건이 발생한다. 몰래 나무를 하다 산림법을 어긴 당숙모를 변호하기 위해 군수를 찾아온 청년이 마음에 든 큰외삼촌은 그 학생을 막냇동생의 남편감으로 점찍은 것이다. 찢어지게 가난한 몰락한 가문의 청년은 엉겁결에 군수의 매제가 되었다.

어머니의 기억을 기록해놓고 싶었다. 오래지 않아 어머니와 함께 사라질 이야기들. 어머니를 인터뷰 해보는 것은 어떨까. 오랜 병환으로 인해 생긴 우울증과 치매 예방을 위한 마땅한 묘안을 찾고 있었는데, 내 고민을 들은 지인이 조언해 준 방법이다. 추억에 관한 촬영을 해야 한다며 일을 핑계로 어머니께 부탁드렸다. 어머니는 앉아있기조차 힘든데도 아들을 도와주겠다는 마음으로 흔쾌히 허락하셨다. 기억의 실마리를 찾아가는 어머니에게 생기가 보인다.

출근하려는데 어머니의 휠체어 소리가 들렸다. 어제 이야기를 잘못한 부분이 있으니 수정하시겠단다. 바로 고치지 않으면 큰일이라도 난 듯 어머니의 얼굴이 사뭇 진지하다. 아예 지각하기로 마음을 정하고 가방을 내려놓았다. 이야기는 수정이라기보다는 덧붙임이었다.

결혼 첫날밤, 아버지는 신부에게 손끝 하나 대지 않았다고 한다. 이미 식은 올렸지만 후회하는 일은 안하는 것이 옳다며 삼일 동안 아무 일 없을 테니 마음을 돌려도 괜찮다고. 어머니에게 선택의 시간을 주신 것이다. 마지막 날 저녁, 남편으로 받아들이겠다는 어머니의 결정을 듣고 난 후에야 한 이불에서 잠을 잤고, 병환으로 돌아가실 때까지 한평생 부부의 믿음을 거스르는 일은 단 한 차례도 없었다며 주름진 눈가가 붉어진다. 어머니는 밤새, 70년 전 그날 밤의 기억을 되살리기 위해 애쓴 모양이다.

며칠 후, 전쟁이 끝나고 폐허에서 시작한 신혼 생활의 이야기를 들었다. 그때부터는 삶과의 전쟁이었다. 아버지와 어머니는 군산시장에서 빈주먹으로 장사를 시작했고 밤낮으로 매달린 끝에 직조기계 3대가 놓인 어엿한 공장으로 일궈냈다고 한다. 저녁마다 하루 동안 벌어들인 돈을 세다보면 어느새 아침이 될 정도로 사업은 날로 번창했다고. 몇 년이 지나자 변두리 공장은 번듯한 큰 회사가 되었다. 그리고 일곱 명의 아이들이 태어나고 자랐다.

불행은 연이어 닥친다고 했던가. 1978년 봄, 늦둥이 막내딸이 10살이 되던 해 아버지의 사업이 한 순간에 무너졌다. 설상가상 둘째아기를 임신한 큰 딸이 대학 병원에서 의료사고로 사망했다. 순식간에 집안이 무너지기 시작했다. 사업의 실패와 큰딸의 사망소식은 아버지를 깊은 상실과 절망의 나락으로 밀어 버렸다. 힘든 투병, 아버지는 회한 가득한 이승에 어머니와 우리 6남매를 남겨놓고 결국 돌아가시고 말았다. 긴 세월은 주름을 잡아 붙여 버린 듯 어머니로 인해 압축되었다.

의외로 담담한 어머니의 이야기는 어느 기점부터 내 기억과 만났다. 그때부터 시간의 흐름을 따라 이어지던 어머니의 기억들이 점차 시간과 공간을 넘어 다녔다. 어떤 것은 덧대어지고 어떤 것은 통째로 잘라내기도 한다. 심한 경우 30년의 간극이 있는 두 기억이 붙어 하나가 되었다. 그런데 이상한 것은 나쁜 기억이나 다른 사람을 미워할 여지가 있는 기억들은 지워져 있다는 것이다. 큰 딸의 죽음이 병 때문이었다고 기억하는 것은 사고를 낸 의사에게 용서와 면죄의 의미가 있다. 부모가 의사공부 시키느라 고생했을 텐데, 젊은 사람 앞날을 위해 용서하겠다며 아무런 보상도 거부하셨기 때문이다. 선택적 기억. 어머니는 과연 나쁜 일들을 정말 기억하지 못하는 것일까. 주름져 내려앉은 선한 눈매를 바라보았다. 싫었던 기억은 완전히 지워진 듯하다. 어머니만 알고 있는 미움의 통로가 닫힌 것이다.

추억의 방으로 가는 비밀한 문. 그 문을 드나드는 것은 회상뿐이다. 그곳에는 시간이 없다. 나이도 세월도 아무 상관없는 곳, 영원히 쫓겨나지 않는 어머니만의 공간이다. 아픔일 수 있어도 결코 상처일 수 없는, 어쩌면 어머니는 따뜻한 추억만을 따로 조금씩 저축해 온 것은 아닐까. 잠시 꺼내 보면 잠시 행복하고, 더 오래 바라보고 있노라면 더 오래 행복해지는 향기로운 추억을.

언제가 될지, 어머니는 그 기억들을 안고 우리 곁을 떠나실 것이다. 어찌면 어머니를 인터뷰하고 있는 것은, 내게 남겨질 어머니의 추억을 붙들고 싶어서인지도 모르겠다. 일생을 자신을 위해서는 아무것도 한 일이 없으셨던 어머니. 푸석거리며 으깨진 마음도 조각을 맞추며 살아내셨다. 너덜너덜 헐어 버린 가슴을 부여잡고 아픈 호흡을 하시는 것은, 무엇보다도 힘들었을 절망적인 순간에도 삶을 절대로 놓을 수 없었던 어머니의 기억 때문은 아닐까.

만남과 연분의 불가사의. 젊어 꽃다운 날 두 분은 어떤 사랑을 꿈꾸었는지 궁금하다. 크고 너그러운, 혹은 인내와 고통을 품속으로 거둬들이는 겸허의 사랑은 아니었는지. 서천의 아버지 묘소에 다녀와야겠다. 가난했던 청년시절, 가정을 꾸리고, 아내와 자식들을 위해 살아내던 시간들 그리고 어머니와의 인연을 아버지는 어떻게 기억하고 계시는지 술 한 잔 올리며 묻고 싶다.

특별한 만남과 운명적인 인연에 대하여.

3

꿈꾸는 샹송 인형

3년 동안 정성껏 물을 주며 보살펴 온 화초가 조화란다.
몇 년 전 어느 봄날, 함께 일하던 친구가 작은 화분을 들고 왔다. 꽃집 앞을 지나는데 그냥 지나칠 수 없었다면서. 손톱만 한 잎들이 앙증맞은 부케 모양으로 이루어진 작은 화분이었다. 평소 꽃이나 식물에 전혀 관심이 없던 나는 친구가 놓고 간 작은 화분을 물끄러미 바라보았다. 나보고 꽃을 보살피라고. 내 몸 하나 챙기는 일도 힘들어하는 사람인데.

아무튼 조그만 연록의 생명력에 끌려 사무실 창가에 두고 키우기로 했다. 햇빛과 물만 있으면 화초는 잘 자란다는 비천한 상식으로 열심히 물을 주었다. 기적처럼 내 손에서도 화초는 두 번의 겨울을 견뎠다. 스스로 대견한 생각이 들었다. 좀 더 정성껏 기르고 싶어 화분을 집으로 옮겼다. 종일 따사로운 볕이 드는 창가에서 화초는 더 건강하고 푸르게 보였다. 돌아오는 주말에는 몇 개의 화분을 더 구입해야겠다고 생각했다.

왜 조화에 물을 주는 거죠? 지인은 의아한 표정으로 화분을 자신의 손바닥에 올려놓았다. 그리고는 꽃을 잡아 들어 올렸다. 당황스러웠다. 뿌리가 없다. 당연히 흙도 없다. 너무나 정교한 탓이기도 하지만, 언제나 같은 색, 같은 모양으로 피어있는 그 꽃을 나는 왜 단 한 번도 의심하지 않았을까. 세상의 모든 생명이 있는 것들은 피고 지고, 또 피고 져야 하는데 말이다. 세상에 이런 일이….

내가 유년이었던 1960년대 후반에는 프랑스의 샹송이 한때 유행을 탔다. 동네 어귀의 레코드점에서는 쉼 없이 아름다운 샹송이 울려 퍼졌다. 가사 내용은 몰라도 콧소리가 잔뜩 낀 가볍고 달콤한 느낌, 색색의 솜사탕이 거리를 떠다니는 것 같아 좋았다. 우리 집에도 빽판으로 샹송 모음 레코드판이 여럿 있었다. 아버지 발등에 몸을 싣고 뒤뚱뒤뚱 스텝을 밟았던 〈아빠와 함께 춤을Viens Valser Avec Papa〉. 반쯤 색이 빠진 레코드 재킷이 눈에 선하다. 〈사랑은 기차를 타고Dans Le Meme Wagon〉 〈아빠는 엄마를 좋아해Papa Aime Maman〉 등은 한국어로 번안되어 크게 유행했다. 대부분의 샹송은 가사의 의미를 몰라서 리듬과 조잡한 레코드판의 제목만으로 기억된다. 하지만 경쾌하고 아름다운 샹송에 안겨있던 유년은 다른 추억들과 묶여 팝송과 헤비메탈, 프로그레시브 록에 밀려 기억 저편으로 사라졌다.

다시 샹송을 만난 것은 그 후로 20여 년이 지난 무렵이다. 파트리샤 카스Patricia Kaas와 다니엘 비달Daniele Vidal의 곡을 TV 광고 배경음악으로 사용하면서였다. 공중파에 상영되는 광고였기에 노래 가사가 심의 기준을 충족하는지 알아야 했다. 하지만 오랜만에 듣게 된 샹송은 감미로운 리듬과는 달리 가사 대부분이 너무나 일상적이고 평범했다. 때문인지 아쉽게도 어린 시절에 받았던 감흥은 다시 느끼지 못했다.

정보를 쉽게 찾는 것으로만 보면 요즈음은 정말 좋은 세상이 되었다. 검색란에 노래를 연상하는 단어를 넣고 약간의 수고만 더하면 웬만한 곡은 다 찾을 수 있으니. 게다가 비용을 지불하지 않아도 되는 곡이 지천이다. 어릴 때 좋아하던 〈꿈꾸는 샹송 인형〉이란 곡을 검색했다. 꿈꾸는 샹송 인형은, 유명한 샹송계의 이단아 세르주 갱스부르Serge Gainsbourg가 작곡한 곡으로 1965년 당시 18세의 소녀 가수였던 프랑스 갈France Gall이 유로 비전 송 콘테스트에 룩셈부르크 대표로 출전하여 불러 우승을 차지하면서 세계적으로 히트한 곡이다. 원제인 〈Poupee de Cire, Poupee de Son〉은 밀랍 인형, 노래하는 인형이라는 뜻이다. 사랑을 경험한 적도 없는 인기 가수가 밤낮 사랑 노래만을 부르는 애처로운 자신의 처지를 밀랍 인형, 노래하는 인형으로 빗대어 한탄하는 내용이다. 낭만적이지 않고 오히려 처연할 정도다. 나의 동화적 감흥은 〈꿈꾸는 샹송 인형〉이라는 의역이 만들어 준 환상의 세상이었음을 많은 세월이 지나서야 알게 되었다.

선입견과 착각은 대체로 무지에서 기인할 확률이 높다. 알지 못하는 일에 어떻게 바르게 판단을 내릴 수 있을까. 나의 경우도 그러했다. 모두 알

것 같은 세상사가 마음대로 되지 않았던 진정한 이유는, 내가 모른다는 상태를 무시한 모자란 판단 때문이다. 알지 못하는 하나의 세계에 자물쇠를 채우고 열쇠를 잃어버린 사실조차 모르는 우매함. 하지만 진실을 알게 되었을 때, 바람이 쓸고 간 모래톱 위로 불쑥 드러난 사실 앞에서 느껴야 하는 당혹감과 묘한 배신감은 인정하기 어려운 불편함이다.

창작은 무용한 것을 유용화 시키는 작업이라고 한다. 아무것도 아닌 것에 그럴 법한 가치를 부여하여 존재의 의미를 만드는 일. 이미 모든 것을 잘 안다면 작업 과정은 더 수월하고 편하겠지만 글쎄 재미까지도 그러할까. 오늘도 힘을 내어 무지의 용기로 키보드를 두드린다. 아마 나의 의지와 상관없이 내게 남은 시간 대부분을 자신이 모른다는 것도 모르면서 아는 척하면서 살아가겠지. 사랑도 모르면서 줄창으로 사랑 노래를 부르는 샹송 인형처럼.

Mais un jour je vivrai mes chansons/ Poupée de cire poupée de son

하지만 언젠가 내 노래를 살릴거예요/ 밀랍인형, 노래하는 인형

세심탕洗心湯

나지막한 휘파람 소리가 목욕탕에 퍼진다. 수증기와 열기의 흔들림. 조용하던 실내가 낯선 소리의 침입으로 살짝 긴장감이 깃든다. 여기저기서 힐끗대며 소리의 발원지를 찾는다. 하지만 휘파람 부는 사람을 확인하고는 이내 고개를 돌리며 딴청을 피운다. 탕 안에 깊이 몸을 담그고 상념에 빠졌던 나도 몸을 일으켜 소리의 끝을 찾았다. 바로 내 앞에 있는 평범한 중년의 남자다. 숱이 없어 이마가 넓어 보이는 사내, 나보다 댓 살 연하로 보인다. 양 볼을 부풀리며 소리를 내는 모습이 꽤 희화적이다. 그가 휘파람으로 부르던 노래는 이용의 〈잊혀진 계절〉. 그런데 가끔씩 소리가 샌다. '깨벗고 장도칼 찬다.'는 말이 생각나 실웃음이 새어 나온다. 커다란 몸집의 건장한 사내들이 탕 주변으로 하나둘 모여든다. 기세들이 예사롭지 않다.

사내들이 몸을 움직일 때마다 등과 가슴의 잉어, 호랑이, 그리고 여의주를 문 용들이 살아있는 듯 꿈틀댄다. 눈을 감은 채 여유롭게 불어대던 남자의 휘파람이 '한마디 변명도 못 하고' 부분에서 탁한 쇳소리를 내며 음이 튕긴다. 눈을 뜬 사내가 휘파람을 멈추고 몸을 세운다. 물 밖으로 나갈 기회를 재며 방황하던 나의 시선이 우연히 사내의 눈길과 엉켰다. 순간 갑자기 뜨거운 탕의 온기가 사라지고 등 주변이 서늘해진다. 조용히 시선을 내리고 어찌할 바를 모르는데 그의 목소리가 들렸다.

"뭐터냐, 느그들도 목욕들 혀."

"예, 그렇게 하겠습니다요, 형님."

순식간에 들어온 사내들로 탕의 물이 한 번에 바깥으로 넘쳐나간다. 어서 나가긴 해야 하겠고…. 어색하지 않게 물속으로 머리까지 들어갔다가 일어나 나가려는데 억센 손이 팔을 잡는다.

"괜찮은께 허던 목간 계속 하소."

"아, 예 다했습니다. 나가려고요."

빈모 사내가 눈에 힘을 주며 다시 한마디 한다.

"그니까 괜찮은께 목욕하라고."

…라고는 반말인데, 야 너 몇 살이야. 내놓을 수 없는 소리는 입속에서만 불어터진다. 하는 수 없이 다시 탕에 몸을 맡겼다. 새삼 물이 뜨겁다. 눈을 감았다. 요즘 세상에 이게 무슨 일인가. 죽기 살기로 한번 객기를 부려. 아니다. 문제 만들 필요는 없지. 조용히 시간을 보내자. 몸도 닦고 마음도 닦고…. 세신洗身에 세심洗心이렸다. 이런, 바로 옆의 사내와 어깨가 맞닿는

다. 남의 맨살이 닿는 느낌에 소스라쳐 몸을 움츠린다. 범고래들 속에 낀 보리새우마냥 갑자기 내 신세가 처량하다. 물도 뜨겁고 이제는 탕에서 나가야 하는데…. 결정 장애에 빠졌다. 고민하다가 눈을 떴다. 오호라 이 장면은 뭔가. 빈모 사내의 주변에는 아무도 앉지 않아 혼자인데, 나를 중심으로 어깨들이 죽 앉아있는 모양새가 마치 내가 조직의 보스 같은 그림이다. 다시 눈을 감고 뜨거움과 싸우려는데 갑자기 호기가 일어선다. 에라, 모르겠다. 나도 이용의 〈잊혀진 계절〉이다.

휘파람을 불자. 어쩔 것인가. 휘파람 분다고 때리기야 할까. 초등학교 때부터 휘파람하면 나였다. 입모양을 가로로 하고 혀를 말아 이의 안쪽에 살짝 대고 소리를 내는 휘파람 솜씨는 자타가 공인하는 나의 개인기다. 대학생 때 친구들과 산에서 야영하는데, 일단의 여학생들이 휘파람 소리를 따라 우리 텐트까지 찾아와 같이 놀고 간 적도 있다. 마적魔笛까지야 아니지만 나름대로 휘파람에는 일가견이 있다는 자부심. 더 이상 앞뒤 재지 않고 눈을 꼭 감은 채 〈잊혀진 계절〉을 불었다. 시작은 음을 따르지 않고 새소리를 흉내 내어 분위기를 잡아갔다. 가을의 쓸쓸한 정취를 기억하며 조심스럽게 계단을 내려가듯 낮은 음역에서의 음차도 해결했다. 고음 부분에서는 목욕탕의 넓은 실내가 콘서트홀이라도 된 듯 소리의 공명으로 잔향들이 꼬리를 문다. 바이브레이션을 한껏 넣어 멋지게 끝을 장식했다. 앙코르를 바라거나 우레와 같은 박수를 기대하지는 않았다. 눈을 떴다. 싸늘하고 험악한 눈빛들이 사방에서 나를 찌른다. 고개를 갸웃하며 빤히 쳐다보던 빈모의 사내가 탕에서 몸을 일으킨다. 짝짝. 한 템포 늦게야 옹색한 박수를 치더니 나를 위아래로 훑고 미간을 찡그리며 한마디 한다.

"선상, 히파람 참 자알 부는구만. 잘 부우러 조커따고. 어이, 야들아."

사내들이 서둘러 빠져나간 실내가 휑하다. 탕에 남아 있던 몇몇 사람들이 나를 보며 갑자기 박수를 치기 시작한다. 승전의 감흥과 감사의 표시로 두 곡 정도를 불었다. 현기증이 나서 그 이상은 무리다. 탕에서 나와 벌겋게 달아오른 몸을 찬물로 식혔다.

요즈음 드는 고민은 판단력의 혼란이다. 무엇을 결정해야 하는 순간이 오면 무엇이 옳은지 그른지 아무것도 선택할 수가 없다. 살아오면서 겪은 그나마 조금 쌓인 경험도, 무엇을 결정해야 할 때는 아무런 영향을 주지 못한다. 게다가 삶은 일상만이 있는 것이 아니다. 갑자기 느닷없고 어이없는 현실과 맞닥뜨리면 정지된 화면처럼 사고가 멈춘다. 나이가 들면서 더 선명해져야 할 것들이 오히려 더 희미해진다. 탕에서 있었던 일도 돌아보면 우스꽝스런 나의 모습이 있다. 처음에 정중하고 단호하게 의사를 표현하고 탕에서 나왔으면 귀찮을 일도 없었을 것이다. 참을 수 있겠으면 끝까지 참아야 하고 그럴 자신이 없으면 의사를 바로 전달하고 거절하는 것이 맞다. 확신이 있고 타인에게 해가 없다면 자신의 목소리를 바르게 내는 것이 옳은 결정이라는 것을 믿는다. 잔뜩 익어 성이 났던 피부가 찬물에 숨이 가라앉았다. 수업료가 들지 않는 인생 수업에는 가끔 비싼 대가가 따르기도 한다. 별다른 일정이 없다면 다음 주에도 목욕을 하러 올 것이다. 의외로 목욕탕에서 깨닫는 것이 많다. 아르키메데스도 아니면서.

몬더그린mondegreen

애쏭꼴라마드라꿀물샀다뷁산타클로스뭐바나나보다자메이카뤩골먹어페르시아그래뻔하네봤다매바이크로싸이크로써빨간봉다리깠어하나또또우동보다싸다매깠어하나또또하나까먹어꼭

축구경기가 배경인 TV 광고. 한 선수가 질풍 같은 속도로 드리블을 하며 결승 골을 터뜨린다. 남미축구 중계의 묘미 중 하나는 아나운서의 끊임없는 코멘트에 있다. 리드미컬하고 속사포처럼 빠른 스페인어 사이사이로 한국어처럼 들리는 부분이 귀에 걸린다. 이것을 살린 국내의 모 제과 회사에서 만든 아이스바 광고다. 이 같은 포맷은 다양한 제품의 광고 제작에 자주 이용된다. 콘셉트에 맞는 기존 영상을 사서 편집과 녹음 작업만 하기에 제작비가 절감되고 유머러스해서 10대들에게 인기가 있기 때문이다.

몬더그린mondegreen이란, 의미를 알 수 없는 말의 전부 또는 일부가 듣는 사람의 언어로 인식되는 일종의 착각 현상을 말한다. 특히 모르는 외국어

에 대해서 자신의 모국어체계로 억지로 해석하려는 뇌의 무의식적인 작용이다. 이러한 현상은 미국인 작가인 실비아 라이트의 에세이에서 유래한다. 스코틀랜드 발라드곡 〈THE BONNY EARL OF MURRAY머레이의 잘생긴 백작〉의 가사 중 'And Laid him on the green(그리고 그를 풀밭에 눕혔네)'이라는 구절을 'And Lady Mondegreen(그리고 몬더그린 아가씨)'로 잘못 알아들었다고 고백한 이후 몬더그린은 착청錯聽의 대명사가 되었다.

몬더그린이란 단어가 만들어지지 않은 때에도 이미 팝송의 가사 일부를 우리말화시킨 개그맨도 있었고 실생활에서도 낯설지 않은 소통상의 해프닝으로 등장하곤 했다. 딸과의 대화 중에서 "불 끌까요?"를 "북극 가요?"로 심각하게 알아들었다는 아는 작가의 이야기에 한참을 웃은 적도 있다.

착청은 내게 일상이다. 소리가 잘 들리지 않는 어머니는 내 말을 알아듣지 못해서 가끔 기상천외한 말로 되묻곤 한다. 그래서 노모와 내내 함께하는 주말 동안은 목이 쉴 정도로 같은 말을 반복해야 한다. 혹여 주어라도 빠지면 대화는 혼돈으로 들어가 버린다. 귀 안에 삽입하는 보청기를 드렸지만 어머니는 완강히 거부하셨다. 그저 걸치기만 하면 된다며 테스트까지 마친 골전도 보청기도 바로 퇴출당했다. 생각하다가 손잡이가 달린 커다란 페트병을 잘라 한쪽에 플라스틱 컵을 붙여 메가폰 모양의 자작 보청기를 만들었다. 예쁜 스티커를 붙이니 모양도 그럴듯하고 무엇보다 기대 이상으로 성능이 훌륭하다. 작은 소리로 이야기해도 웬만큼 알아들으신다. 어린 시절, 세상 물정을 모르는 내게 어머니는 몇 배의 같은 말로 크게 반복하며 설명했을 것이다. 답답하지만 이제는 내가 해야 할 차례다.

코로나19 팬더믹 이후의 우리 의식은 많이 달라졌다. 단단한 틀에 가려 있던 우리 사회의 약점도 여실히 드러나서 가슴이 더 답답해진다. 같은 언어를 쓰는 국민끼리 몬더그린 현상으로 몸살이다. 똑같은 말을 서로 다르게 알아듣는다. 깊이 박힌 이기심 때문에 다른 사람의 말이 제대로 들리지 않나 보다. 정치, 경제, 사회, 종교, 문화. 모두가 자리를 못 잡고 흔들린다. 인성교육을 받지 못한 듯한 사회지도층의 모습을 보며 우리는 우리의 후손에게 무엇이 바른 것이라고 말해줄 것인가. 교과에서 도덕 과목이 사라졌다고 도덕심까지 사라진 것일까. 지금은 힘들지만 버텨야 한다. 마음의 보청기를 들고 서로를 믿고 배려하고 이해하며 견뎌야 한다. 우리 모두가 꿈꿔온 살기 좋은 대한민국의 미래를 만들어 가야 한다.

"선욱아 뭐 하니?"

"뭣 좀 쓰고 있어요."

"뭔데그려?"

'어떻게 아셨지? 몬더그린을…'

어머니는 늘 나에 관한 모든 것을 알고 계신다.

타임 슬라이스 time slice

시간을 정지시키고 그 공간을 자유롭게 돌아다닐 수 있다면.
수갑을 들고 다가온 경관을 제압하며 도약한 여주인공이 공중에서 동작을 멈춘다. 모든 것이 정지했는데도 카메라는 공간 속에서 움직임을 계속한다. 영화 〈매트릭스The Matrix, 1999〉에서 트리니티로 분한 캐리 앤 모스가 경찰관들과 대결하는 씬이다.

피사체를 중심에 놓고, 수십 대의 정사진 카메라로 촬영한 후 컴퓨터로 합성하는 것이다. 영화나 광고에서 흔히 볼 수 있는 영상기법이다. 실제 영상으로 만들어지는 3D C.G(3차원 컴퓨터그래픽)라고 할 수 있다. 담배 피우는 사람을 찍는다면, 인물은 물론 인물이 내뿜는 연기도 멈춘 상태에서 인물 주위를 한 바퀴 도는 카메라 움직임을 만들 수 있다. 영상의 1프레임을 한 쇼트 안에서 입체적으로 묘사하는 것이다. 이러한 영상은 시간과 공간을 초월한 느낌을 준다.

눈 뜨고 볼 수 없는 일들이 사방에 널려있다. 눈을 감는다고 달라지지는 않는다. 피하고 싶은, 모순의 현실이다. 힘없는 자들이 사는 세상에서 누구도 힘이 되어주지 않는다. 그저 무력감만이 삶을 지치게 할 뿐. 영화 속 영웅처럼 누군가 나타나 일순 모든 것을 정지시키고 비틀리고 부패한 모든 것을 고쳐놓았으면 좋겠다. 하지만 그것은 전능한 신의 영역이겠지.

스파시바

1990년 10월의 어느 날 늦은 오후, 내가 탄 도쿄발 에어프랑스 에어버스는 중간 기착을 위해 모스크바 공항에 내려앉고 있었다. 얼마나 고대했던 여행길이었던가. 기내 모니터로 생생히 보여주는 랜딩 중계화면을 보며 신기함과 설렘으로 가슴이 터질 것 같았다. 생애 첫 유럽 여행. 여유도 없었던 30살에 가지고 있던 모든 재산을 털었다. 무모한 계획의 실행은 가진 돈을 경비로 바꾸기까지가 힘이 들었을 뿐. 일이 아닌 순수한 목적의 이 여행은 장시간 비행조차 감미로웠다. 이미 누더기가 된 《세계를 가다-유럽 편》을 가방에 넣어 버리고 모니터 화면에 빠져있었다. 어느새 비행기는 거친 마찰진동과 함께 모스크바에 착륙했다. 새빨간 배경에 갈고리와 별. 금지된 나라 소련 땅에 내리다니. 잠시 발로 찍기만 하고 가는 것이지만 묘한 기대와 흥분이 인다. 일본에서 출발한 노선이라 가능했던 또 하나의 보너스다.

모스크바 공항은 한산한 편이었고 진한 카키색 군복을 입은 일련의 무장 군인들만이 냉랭한 표정으로 승객들의 일거수일투족을 주시하고 있었다. 페레스트로이카로 정세가 불안한 탓인지 동토의 공항은 군인들이 직원을 대신하는 모양이다. 그들의 차가운 시선을 받으며 마음은 점점 움츠러들었다. 어색해져서 잰걸음으로 공항 안으로 들어가 이곳저곳을 살펴보았다. 대리석의 높은 천정과 별 장식 없이 넓기만 한 바닥이 휑하다.

면세점이 모여 있는 곳에 가서 전통인형인 마트료시카와 목판에 금박으로 그린 성화 몇 점을 기념으로 샀다. 낯선 기념품들 속에 있다 보니 마음이 제법 누그러들었다. 몇 군데 상점순례를 마치고 가려는데 기내 편의용품 파는 곳에서 제법 그럴듯한 물건이 눈에 들어왔다. 지금은 통신판매로 쉽게 살 수 있는 튜브형 목 베개였다. 출장 중에는 꽤 요긴할 것 같아 서둘러 한 개를 손에 들었다. 그런데 그때 마침 다른 비행기들이 도착했는지 갑자기 매장에 손님들이 넘친다. 줄을 서서 계산을 기다리는데 도통 사람이 줄어들지 않는다. 시계를 보니 보딩 시간이다. 조금씩 타들어 가는 마음에도 목 베개를 놓고 싶지 않았다. 그냥 갈까. 조금씩 갈등이 생기는데 사람들이 서로 밀치기 시작한다. 나름대로 자리를 지키려고 안간힘을 썼다. 순식간에 나는 베개를 든 채 매장 밖으로 떠밀렸다. 계산대까지 뚫고 가는 것은 도저히 엄두가 나지 않았다. 베개를 원래 자리에 놓으려고 입구 쪽으로 가는데 무서운 표정의 군인 둘이 나를 빤히 쳐다보는 것이 아닌가.

매의 눈초리를 한 여자 군인이 싸늘한 표정으로 나를 훑어본다. 발이 저린다. 이런. 졸지에 국제 좀도둑으로 몰려 일생일대의 여행이 망가질 위기다. 오 마이 갓. 영어도 불어도 일본어도 제대로 못 하는 나. 선택의 여지가 없다. 손에 든 베개를 저글링 하듯 가볍게 던지고 받아 가며 반대편으로 발길을 돌렸다. 자못 여유를 가진 양 걸었지만, 눈앞을 지나는 다른 군인들을 보는데도 새가슴이 되어 벌떡거린다.

겨우 진정하려는 차에 공항 안내 방송이 나온다. 간간이 들리는 단어로 보아 내가 탈 비행기에 관한 이야기 같았다. 시계를 보니 비행기가 출발해야 할 시간이 다 되어간다. 수난은 아직 계속이다. 게이트 번호를 보니 지금 있는 곳의 정 반대 방향. 무조건 달려야 했다. 육상경기장 트랙과 거의 비슷한 구조의 커다란 반원형의 통로를 달리고 또 달렸다. 귓가에 마라톤 영화 〈불의 전차〉 BGM이 들려오는 것 같다. 초인적인 의지로 달리고 있는데 카트를 탄 한 군인이 날 부른다. 뛰지 말라는 얘기인가. 그래도 멈출 수는 없다. 총으로 쏜다고 해도 난 달려야 하기에. 그가 다시 내게 말을 붙인다. 이상한 억양의 영어로 파리행 에어프랑스 승객이냐는 것 같았다. 나는 끊어지는 호흡으로 'Yes'를 연발했다. 잠시 후 나는 연도(?)에 잔뜩 늘어선 소련군인들 사이로 카퍼레이드를 한바탕하고 나서야 탑승 게이트에 도착할 수 있었다. 그 군인 덕에 겨우겨우 출발 시각에 맞춰온 것이다. 그리고 카트를 타고 오는 내내 기억하려던 말도 드디어 생각이 났다. 이미 창피함도 두려움도 가신 탓이라 딱 붙어있던 입술을 떼 고마운 소련 군인에게 자신 있게 큰 소리로 말해버렸다.

'스파시바, 스파시바, 스-파-씨바'.

당황 속에서 허둥대며 보낸 모스크바 공항에서의 두 시간 삼십 분. 그 일로 당연히 나의 소련에 대한 선입관은 달라졌다. 그러나 그 후 열 달이 지나지 않아서 소비에트 연방공화국은 붕괴하여 역사에서 사라졌다. 하지만 나의 서툰 인사말만큼이나 어색한 미소의 그 군인은 낯선 곳에서의 또 다른 친절을 만날 때마다 늘 내 옆에 있다. '스파시바'란 기내에서 본 책 속에서 건진 '감사합니다'란 의미의 러시아말이다. 첫 번째와 두 번째의 '스파시바'는 나를 곤경에서 구해준 것에 대한 감사의 표현이었고 결국 세 번째 '스파시바'는 면세점에서 가져온 목 베개에 감사하다는 의미가 되어버렸다.

목 베개는 언젠가 돌려줄 요량으로 간직해 오다 어느 순간부터 그냥 쓰기로 했다. 나중에 변상해주기로 나 자신과 약속했지만 해가 갈수록 지키기가 힘들어진다. 요즘은 러시아를 가로질러 직항으로 유럽으로 갈 수 있기에 중간 기착지 없이 바로 간다. 아무튼, 다시 면세점에서 물건을 그냥 가져온 일은 없다. 하지만 지금까지도 소통 장애로 인한 불편은 늘 해외여행의 문젯거리다. 60세 무렵에 다시 한번 무모한 여행을 꿈꾸는 요즘 영어부터 준비해볼까나.

화동火童이, 하동夏凍이

창을 통해 들어오는 바람에 여름이 담겨있다. 아이스커피를 만들어 소파에 몸을 맡긴다. 연휴의 오전이 여유롭다. 아직 6월 초순인데, 밖 기온은 삼십 도를 넘나든다. 유난히 더위를 타는 나. 이번 여름은 어떻게 또 보내야 할까. 깡마른 몸인데도 열이 많아 에어컨과 찬 음식은 여름나기의 필수 항목이다. 더위는 피하는 것보다는 맞서 견뎌야 하는 일, 나에게 여름나기는 작은 전쟁이다.

하동이, 어릴 적 옆집에 살던 아이이다. 남자 형제가 없던 나보다 한살이 어렸기에 동생처럼, 친구처럼 어울려 놀았다. 작은 골목까지 꼼꼼히 포장된 우리 동네에서는 흙을 볼 수 없었다. 흙바닥에서 놀려면 학교 운동장으로 가야 했는데 그곳까지는 너무 멀었다. 온통 복사열로 덥혀 있는 혜화동의 그 뜨거운 길 위에서 우리는 더위와 함께 뒹굴었다.

그날도 땡볕에서 다방구와 삼팔선 놀이에 빠져 노느라 정신이 없었다.

하지만 내 몸은 불꽃이 뿜어져 나올 것처럼 뜨거웠다. 숨을 몰아쉬며 혼자 그늘로 나왔다. 다른 아이들도 하나둘 내 곁으로 모였다. 아이들은 이구동성으로 그것도 견디지 못하냐며 놀렸다. 나는 불에서 태어난 아이라는, 말도 되지 않는 이야기를 꾸며댔다. 그 증거로 아이스케키를 끝없이 먹을 수 있다고 했다. 그때 옆집에 사는 하동이가 도전장을 내밀었다. 자신은 불이 아니라 엄마에게서 태어났지만, 아이스케키는 끝없이 먹을 수 있다고. 그 말이 끝나자마자 우리는 증명을 하자며 모두 케키집으로 달려갔다. 진 사람이 모든 계산을 하기로 했으므로 다른 아이들은 승부가 날 때까지 기다려야 했다.

드디어 시작이다. 정신없이 아이스케키를 먹었다. 옆에서 스물다섯 개를 세는 소리가 들렸다. 잠시 입을 쉬고 옆을 보았다. 하동이는 열다섯 개에서 더 먹지 못했다. 그리고는 배를 움켜쥔 채 쓰러졌다. 나는 이미 양껏 먹었고 승부는 결정 났기에 게임의 종료를 선언했다. 아직 더 먹을 수 있는데… 정말 나는 불에서 태어난 아이인가 스스로 착각에 빠졌다. 아이들에게 선심 쓰듯 아이스케키를 마음껏 먹으라고 했다. 하지만 두 개 이상 먹는 아이는 별로 없었다. 그렇게 승리감으로 마무리되나 했다.

그날 저녁, 하동의 어머니가 우리 집에 왔다. 하동이는 배가 얼어서 병원에 입원했는데 내 상태가 괜찮은지 궁금했던 모양이다. 멀쩡한 내가 얄미웠던지 말을 하는 내내 하얗게 눈을 흘겼다. 아주머니는 병원에 가야 한다며 서둘러 자리를 떴고, 나는 부모님에게 사건의 내막을 이야기해야 했다. 그리고 뜨끈한 야단을 들었다. 열여섯 개 먹고 이겼으면 손을 떼야지, 무슨 기록을 내려고 더 먹었냐. 세상에 미련한 내기가 먹는 내기라고…. 하동이는 삼일 뒤 집으로 돌아왔고 나와는 더 이상 놀지 않았다.

어린 시절 사귄 친구들은 모두 동네에서 만난 녀석들이다. 아침저녁 함께 신나게 뛰어다녔다. 싸움도 하고 화해도 하고 숙제도 하고 밥도 먹고…, 작은 사회 속의 분주함. 가족 외의 관계가 왕성하게 형성되었다. 그중에도 친한 친구와 덜 친한 친구가 있어서, 가끔은 선택을 받는 듯한 느낌이 들기도 했다. 이 시기의 친구는 가족처럼 선택할 수 없는 요소가 분명 있다. 부모님이 특정한 장소에서 터를 잡으면 행동 범위가 결정되고 그 안에서 요령껏 관계의 답을 찾아내야 하기 때문이다. 주어진 범위 안에서 넘치는 에너지와 주변에 대한 호기심, 상처에 대한 놀라운 회복력을 바탕으로 두리번거리며 친구를 사귀는 것이다. 내가 결정할 수 없었던 '영역'이라는 요소들로 인해서일까. 이 시기의 관계는 의심하지 않는 혹은 의심할 수 없는 지점에 놓이기도 한다.

사실 만나는 사람이 많다고 해서 모두 친구가 되는 것도 아니다. 옷깃이 다 해질 때까지 어울리지 못하는 경우도 많다. 그러다 과거에 사귀었던 친구들에게로 회귀하는 일도 있고 또 다른 상대를 찾거나 모든 탐색을 그만두기도 한다.

어렸을 때 부모님은 친구를 잘 만나야 한다고 참으로 열심히 말씀하셨다. 생각해보면 진정 미래를 고려한 적절한 조언이긴 하다. 분명 좋은 친구는 그 자체로 존재의 의미가 있다. 하지만 나에게 모든 친구는, 좋고 나쁨의 준거를 떠나 인생에 크고 작은 영향을 주며 시간을 함께 공유하는 귀한 존재들이다.

좋아하는 것과 호기심으로 가득 찼던 나의 어린 시절, 그해 여름처럼 또 여름이 오고 있다. 여름에 얼어버린 아이라서 夏凍이었나. 이름에 되지 않는 한자를 붙이고 작은 웃음을 짓는다. 옆집 친구 하동이, 중년의 그도 여름날의 기억을 갖고 잘 지내고 있겠지.

롤리 폴리 쿠크 다스

길게 누운 해그림자를 따라 강물은 미속으로 출렁이고 있다. 강을 사이로 두고 달리는 자동차들이 분주하다. 반포대교 아래의 인적이 뜸한 강턱. 초봄 강기슭의 늦은 오후는 고요하고 평화롭다.

차에서 플라스틱 상자를 조심스럽게 꺼냈다. 불안한 8개의 눈이 나를 올려다본다. 롤리와 폴리가 의아한 듯 눈을 껌뻑대며 발을 휘젓는다. 그 모습을 제대로 쳐다볼 수가 없다. 이제 이별이다. 입을 굳게 다물고 저리는 마음을 사린다. 쿠크와 다스의 눈 깜박이는 속도가 빨라졌다. 나는 일일이 작별 인사를 나누었다. 2년 전에는 엄지손가락만 했는데 이렇게 커버리다니…. 흐릿한 혼잣말이 새 나온다. 제일 허약한 롤리부터 물살 위에 얹었다. 큰물은 처음이어서인지 제자리만 맴돈다. 폴리와 쿠크, 다스도 놓아 주었다. 모두 떠나지 않고 한참 동안을 머물렀다. 내가 몸을 일으키자 그제야 그들도 부서지는 햇빛을 향해 헤엄쳐 가기 시작한다.

길었던 총각 시절, 외로움을 같이할 식구가 필요했다. 기껏 정들만 하면 병들어 죽거나 관리를 소홀히 하다 잃어버리는 등 몇 번의 시행착오로 더는 강아지나 고양이를 기를 수 없었다. 숱한 야근과 긴 출장, 뜸한 손길에도 살아남을 수 있는 생명력이 강한 반려동물을 찾았다.

네 마리의 새끼 청거북, 롤리와 폴리, 쿠크와 다스. 내가 광고를 제작했던 과자 이름을 붙여주었다. 꼼지락대는 모습이 귀여웠고 소리를 내지 않는 것이 무엇보다 좋았다. 왕성한 식욕을 위해 건드리면 먹이가 나오는 대형 배식장치를 만들어주었더니 별다른 신경도 쓰이지 않았다. 긴 출장을 다녀오는 동안 수조에 이끼가 가득해도 물만 갈아주면 되었다. 손가락 두 마디 정도의 크기가 손바닥을 채울 무렵이 되자 제법 자신들의 이름도 알아듣는다. 회사에서의 일을 시시콜콜 이야기해주면 내 얼굴을 묵묵히 쳐다보며 들어주기도 한다. 아침에는 부산한 물소리로 식사를 재촉하는 그들은 어느새 내게서 떼려야 뗄 수 없는 소중한 존재가 되었다. 다만 엄청난 성장 속도에 따라 좀 더 큰 수조로 바꿔줘야 하는 것이 번거로울 뿐이었다. 나중에는 욕조에서 키울 수밖에 없었는데 네 마리가 편히 살기에는 그것도 좁았다.

그해 겨울에 독일 출장을 갔다. 한국에 한파가 왔다고 해서 출장 내내 걱정이 많았다. 공항에 도착하자마자 한걸음에 집으로 달려갔다. 집안에 들어서니 온통 냉기로 가득하다. 한파로 수도관이 동파된 것이다. 급히 욕실로 들어갔다. 쿠크와 다스는 얼어붙은 물 아래에, 폴리는 반쯤 나온 상태였고 롤리는 뒤집힌 채로 뻣뻣이 굳어 있었다. 미지근한 물로 욕조 주변을 녹였다. 그런데 도통 움직이질 않는다. 거북이들을 거실로 옮기고 히터를 꺼내 스위치를 최대한 올렸다. 방의 온기가 서서히 오르고 있는데도 청거북들은 좀처럼 깨어나지 않았다. 전자레인지에 타올을 데워 마사지를 계속해주다 맥이 빠져 거북이들 옆에 누워버렸다. 그러다 설핏 잠이 들었는데 청거북들이 살아나기를 꿈속에서도 기도한 것 같다.

얼마나 지났을까 바스락대는 소리에 눈을 떴다. 그런데 폴리가 작은 눈을 끔벅이며 나를 바라보고 있지 않은가. 벌떡 일어나 두 손으로 안고 입을 맞추었다. 다행스럽게 쿠크와 다스, 롤리도 조금씩 움직이고 있었다. 기적이 따로 없었다. 나는 한참 동안 혼자 울었다 웃기를 반복했다. 미안해서 그리고 고마워서. 그리고 큰 결심을 했다. 봄이 오면 한강으로 거처를 옮겨주리라고. 겨울이 지나고 나는 그 약속을 지켰다.

반려동물은 사람을 위한 전유물이 아니다. 비록 말은 못 하지만 관심과 사랑을 나누는 가족이다. 그런데도 사람들의 이기심 때문에 버려진 동물들을 쉽게 볼 수 있다. 혈통을 따져 고르고 고른 어린 반려견이 집안을 어지럽히고 말썽을 부린다는 이유로 길에 버려진다. 식구처럼 잘 기르다가도 병들거나 신체에 이상이 생기면 바로 길에 유기해버리는 사람들도 허다하다.

요즈음은 개나 고양이뿐 아니라 각종 파충류와 영장류까지 어느새 집안의 새 식구가 되는 세상이다. 입국심사장에서는 오늘도 애완용 동물들을 밀수입하는 사람들로 골치라고 한다. 배를 두른 주머니 옷에 물을 채우고 고가의 관상용 물고기를 가득 담아서 임산부로 위장해 들어오다 적발되는 모습에는 쓴웃음이 나온다. 천라지망天羅地網 같은 입국심사를 뚫고 세계 각지에서 들여온 동물들이 자연의 생태 질서를 무너뜨리기도 한다. 이 같은 이상 수요뿐 아니라 점점 진심으로 동물을 아끼고 사랑하는 사람들도 늘고 있다. 사랑에는 절대적으로 책임과 희생이 따른다. 살아있는 것들을 집으로 들이기 전에 한 번쯤은 그들 존재에 대해 성찰이 필요하다. 무조건 동물이 싫다고 가학적인 행동을 하는 것도 나쁘지만, 더 잔인한 일은 싫증이 났다고 매정하게 유기하는 행동이다. 그럴 거라면 애초에 기르지 말아야 한다.

나는 더 이상 무엇을 기르는 일은 하지 않는다. 하지만 지금 사는 곳으로 이사 와 처음 만든 것이 길거리 동물들의 식탁이다. 버려진 고양이나 개들이 굶주린 배를 채우고 가라고 주차장 한편에 나무를 짜서 만들었다. 같은 동 주민 중에는 강한 반대를 했던 사람도 있었지만, 한 분씩 설득해서 겨우 허락을 받았다. 식탁이 있는 곳은 이제 제법 알려진 식당이 되었나 보다. 많은 고양이와 개들을 주 고객으로 성업 중이다. 이제 다른 입주민들도 먹을 만한 것이 있으면 그곳에 상차림을 해준다. 그 탓인지 쓰레기통을 뒤져 엉망으로 만드는 말썽꾼도 꽤 줄었다. 더불어 사는 것은 살아있는 것들을 존중하는 마음에서 시작한다.

지금도 한강을 지날 때면 물속으로 떠나보낸 청거북들의 뒷모습이 선하다. 나중에야 알게 된 일인데 한강에는 청거북의 천적이 없다고 한다. 어쩌면 나의 미필적 유기로 방생된 롤리, 폴리, 쿠크, 다스가 서열을 다투며 한강의 생태계를 교란하고 있는 것은 아닌지.

한강의 물살은 바람 따라 조용히 일렁이고 있다.

내 마음은 후회 반, 그리움 반. 롤리, 폴리, 쿠크, 다스.

어제는 격파왕

그는 뛰어난 격파꾼이었다. 날랜 기합과 함께 주먹이든 발이든 내지르면 꽤 단단한 것들도 한 번에 산산조각이 났으니. 그가 처음부터 격파를 잘한 것은 아니다.

어린 시절 그의 부모님은 극장을 운영하셨다. 그래서 틈만 나면 영화를 볼 수 있는 특권이 있었다. 실제로 겪지 않아도 될 인생을 영화로 간접경험 할 수 있다며 책벌레 어린 외아들에게 자유로운 극장 출입을 허락해 준 것이다.

운명의 길은 굵고 깊다. 그를 한순간에 매료시킨 중국 무협영화. 악에 대항해 주먹으로 정의를 실현하는 집법선봉執法先鋒의 통쾌함은 짜릿한 감동이었다. 왕우의 외팔이 시리즈를 보고 바로 태권도 도장으로 달려갔다. 하지만 단번에 고수가 될 수 없음을 알고 크게 실망해 어떤 종류의 무술 도장도 다니지 않았다. 대신 같은 영화를 되풀이해서 보며 흉내를 냈다. 무술영화의 권좌가 이소룡에게 넘어간 이후에도 고된 수련은 계속되었다. 동영상 교육의 탁월한 반복학습으로 어느새 모든 동작이 제법 고수의 풍모를 닮아갔다. 강당에 높이 매달린 전등을 발로 깨고, 한번 뛰어 허공에서 연거푸 세 차례의 발길질을 할 수 있었다. 가파른 벽을 일곱 번 딛고 뒤돌아 차는 장기도 생겼다. 학교에서도 그의 무술 솜씨는 독보적이었다. 그에게서 싸움의 기술을 전수 받거나 몸에 맞는 무술을 추천받는 아이들도 생겨났다. 심지어 태권도 전국대회 은메달리스트도 그에게 가르침을 받았다. 그때 그의 조언으로 운동을 시작한 아이 중 현재 한국 태극권의 최고수가 된 이도 있고 서울시청배 검도 대회 우승자도 있다.

고등학생이 되면서 문제가 생겼다. 무술의 동작은 웬만하면 흉내를 낼 수 있었지만, 이제는 실질적인 파워가 필요한 시기였다. 그리 크지 않은 체구로 지존의 자리를 지키기 위해 파괴력을 보일 수 있는 격파의 능력이 필요하게 된 것이다. 처음에는 다 쓴 볼펜 자루를 두 손가락으로 깨는 것으로 훈련을 시작했다. 나무판자나 기왓장은 일상적이라 성에 차지도 않거니와 보는 사람에게 효과도 크지 않다. 매일 손, 발, 머리는 부상에서 벗어나지 못했고 상처는 바로 전설적인 싸움의 증거물로 이용되었다. 격파의 기술은 보낸 시간만큼 늘어갔다. 벽돌을 머리로 받는 것보다 이마로 호두를 깨는 것이 반응이 좋았다. 호두는 잘 깨지지 않는다는 고정관념을 이용한 것이다. 코카콜라 병 두 개를 이마로 깰 때는 약간의 트릭도 썼다. 이마에 닿기 바로 전 손목을 회전시켜 두 병이 서로 부딪혀 깨지게 하면서 미세한 시간 차를 두고 거의 동시에 머리를 들이민다. 약간의 파편이 튀면서 이마에 상처를 내기에 그 누구도 엄청난 격파 능력을 의심할 수 없었다.

대학에 가서도 격파나 무술을 이용한 기선잡기는 계속되었다. 과 급우들이 모여 있을 때 폐 강의실의 망가진 의자와 책상을 가져와 말없이 격파했다. 잠시 후 책상과 의자가 자잘한 땔감이 되자 모두의 눈빛이 달라졌다. 그날부터 졸업할 때까지 아무도 시비를 거는 사람은 없었다. 무슨 이유인지 시위에 참석하지도 않던 그가 전경들과 노량진 경찰서 소속의 경찰들을 뚫고 철통같은 방어막을 돌파해 곤욕을 치른 적이 있다. 그날도 시위대를 무심히 지나치고 있었다. 최루가스와 물대포에서 힘없이 무너지는 선두의 여학생들을 보고 앞으로 나선 것이다. 우악스러운 방어막을 온몸으로 부순 탓에 며칠을 조사실에서 투사 대접을 톡톡히 받았다. 투철한 사회의식도 없던 그. 시위 참가 동기가 7남매 중 외동아들의 패미니스트 본성이 발동한 단순 참가로 밝혀져 겨우 풀려났다. 하지만 그에게는 방어막이 시위대를 막는 커다란 벽으로 보여 격파하고 싶어서였다나.

사회에 나가서도 격파는 계속되었다. 신문지 한 장을 말아 맥주병을 깨고, 손날로 의자에 튀어나온 못을 박는 모습을 보고 함부로 할 사람은 없었다. 상사들도 그에게는 말을 부드럽게 했고, 열심히 직무를 다해 사람과의 관계로 인한 스트레스는 없는 편이었다. 다만 가끔 회식 자리에서 술김에 재떨이를 머리로 받아 깨는 걸로 마지막을 장식하기는 했다.

어느덧 회사의 어엿한 중견 간부가 된 그. 수많은 부하직원 앞에서 회식의 피날레를 시작했다. 항시처럼 보기에도 커다란 사기 재떨이를 높이 들고 호기롭게 머리를 날려 받아버렸다. 그런데 아무런 변화가 없다. 재떨이가 안 깨진 것이다. 바로 그때 여직원들의 비명이 울렸다. 이마에 시원한 느낌이 술기운을 밀어내고 있었다. 재떨이가 빗나가며 이마에 상처를 낸 것이다. 덕분에 직원 모두를 공포 속으로 몰아넣었다. 그날 그는 흐르는 피를 닦으며 격파는 다시 안 할 것을 맹세했다.

우리의 삶은 베르나르 베르베르의 비유처럼 개미의 그것과 많이 닮아있다. 멀리서 보면 깨어나고 먹고 일하고 잠자는 반복의 연속이며 크게 달라 보이지도 않는다. 하지만 가까이서 보면 각자 살아가는 모습이 다르고 사연도 다르다. 한때 격파를 잘했던 그가 특별한 삶을 살아왔다고는 할 수 없다. 물리적으로 깨트려야 할 벽보다 세상의 벽은 더 두꺼우므로.

누구에게나 나름대로의 벽은 늘 존재하며 돌아가거나 부수거나 선택해야 한다.

나는 오늘도 부수어야 할 벽을 조심스레 돌아서 간다. 나이 들수록 느는 것은 서러움과 노여움이라는데 아직은 남은 날들을 상처 내며 보내고 싶지는 않다. 넓은 눈으로 세상을 볼 때 마음의 벽부터 무너지리라 믿으며.

나는야 쇼콜라티에

보글보글 팟 팟. 초콜릿의 작은 기포들이 하나둘 공기와 만나 터지기 시작한다. 초콜릿 속의 카카오버터 성분은 특히 열에 민감하여 50℃ 이상의 고온에서 매우 불안정해져 초콜릿이 탈 수 있다. 녹일 때는 직접 가열하지 않고 끓는 물 안에 그릇을 넣고 그 안에 초콜릿 고형분을 담아 서서히 녹이는 중탕법을 사용한다. 끈기를 가지고 초콜릿이 타지 않도록 쉼 없이 저어주어야 한다. 70% 정도 녹았을 때 바로 불에서 내려 잘 저어주고 나머지를 마저 녹인다. 잠시라도 한눈을 팔 겨를이 없다. 실제 제품의 다섯 배 크기로 만든 틀 안에 녹인 초콜릿을 부어 촬영용 제품을 준비한다. 몇 시간 전부터 시작했지만 쓸만한 것은 몇 개뿐이다. 성질대로 마구 휘저을 수도 없고. 마음 끝만 자글자글 타들어 간다.

세트장 중앙에는 한참 주가를 올리고 있는 하이틴 스타 김혜수와 손창민이 웃으며 연기하고 있다. 수십 명의 스텝이 분주하게 움직이는 그곳은 나와 별개의 다른 세상이다. 2시간 만에 세트장 인물 촬영이 끝났다. 순간 조명이 꺼지며 감독의 고함이 공간을 가르며 날아온다. "조감독! 제품 촬영 준비!" 촬영장 구석에서 초콜릿을 만들고 있던 내게 떨어진 특명이다. CG가 없던 시절, 불가능이 존재하지 않는 현장에서 조감독은 맥가이버 이상의 아이디어를 짜내야 한다. 몇 시간을 공들여 완성한 촬영용 대형 초콜릿 11개, 문제없이 잘 마무리되기만을 바랄 뿐이었다.

추석이 가까워진다. 코로나 때문에 발이 묶인 일본 식구들은 이번 명절에 귀국하지 못한다. 백신 접종도 완료했겠다 가족들이 모두 모이면 좋을 텐데… 아무래도 찾아올 가족이 몇 안 되는 스산한 명절이 될 것 같다. 긴 연휴를 노모와 단둘이 보낼 생각을 하니 조금 우울해졌다.

문득 조감독일 때 촬영장 구석에서 만들던 초콜릿이 생각났다. 인터넷으로 필요한 재료를 검색하고 몇 가지를 주문했다. 충동적인 선택이었지만 이왕 이렇게 된 것 맛있는 초콜릿을 제대로 만들어보고 싶었다. 직접 만든 수제 초콜릿이라면 누이와 조카들에게 환영받을 명절선물이 되지 않을까. 사랑하는 가족을 위해 나는 기꺼이 쇼콜라티에가 된다. 오늘 만들 초콜릿은 연유를 베이스로 한 '파베'다. 파베 초콜릿에서 파베pavé는 프랑스어로 벽돌이라는 의미인데, 개발자의 이름을 따 '루이스 초콜릿'으로도 불린다. 풍부한 영양에 부드럽고 깊은 맛을 더한 고급 초콜릿이다. 만드는 방법도 간단하고 양질의 재료도 구하기 용이해서 누구라도 아주 쉽게 만들 수 있다.

파베 초콜릿은 대부분 생크림을 재료로 하여 만든다. 하지만 직접 만든 연유를 사용하면 맛과 향이 깊어진다. 우선 신선한 우유 600g에 설탕 170g을 넣고 가스레인지 중약불로 설탕의 입자가 완전히 녹을 때까지 꼼꼼하게 저어준다. 설탕이 다 녹으면 넓고 얇게 자른 버터 15g을 넣는다. 이때 같이 넣어 주는 바닐라 에센스 5~6방울이 신의 한 수다. 요령은 처음 끓기 전까지는 자주 저어 눌어붙지 않도록 하고 가장자리가 끓기 시작하면 불을 줄여 넘치지 않도록 주의하면서 중불과 약불 사이를 오가며 절묘한 주걱질과 반죽의 밀당을 유지해야 한다. 기다림의 끝에 끓는 속도가 눈에 띄게 줄어들고 색이 변하여 걸쭉한 누런 색깔을 띠면 고품격 수제 연유의 완성이다.

드디어 초콜릿을 만든다. 준비된 연유를 적당한 볼bowl에 담고 그 안에 체를 올려 코코아 파우더 100g을 넣고 체 친다. 아주 고운 상태로 가루를 내려야 부드러운 맛의 초콜릿이 만들어진다. 연유와 고운 코코아 파우더를 잘 섞어준다. 주걱으로 섞고 되지기를 반복한다. 가족 사랑의 마음을 개어 반죽 안에 넣고 또 넣는다. 짙은 갈색의 덩어리가 되기 시작하면 멈추고 코코아 파우더 30g을 추가로 체 쳐서 넣는다. 가루가 보이지 않을 때까지 다시 주걱으로 개다 보면 반죽은 어느새 됨직한 상태가 된다. 초콜릿의 완성이 보인다.

네모난 접시에 랩을 깐 후 이제껏 만든 초콜릿을 담고 평평하게 될 때까지 두드린다. 두께가 어느 정도 일정하게 평평해지면 접시째 랩으로 포장하여 냉동실에서 40분 보관한다. 미리 초콜릿을 옮겨 담을 접시를 준비하여 바닥에 코코아 파우더를 적당하게 깔아둔다. 그 위에 냉동실에서 꺼낸 초콜릿의 랩을 제거하여 올리고 다시 코코아 분말을 여유 있게 토핑한다. 이제 먹기 좋은 크기로 잘라 보기 좋게 플레이팅하면 끝이다.

참고로 작은 공 모양으로 둥글리면 푸아그라, 캐비어와 함께 세계 3대 식자재 중 하나인 송로버섯을 닮았다 하여 프레시 트뤼플이라는 초콜릿이 된다. 잘 만든 파베 초콜릿은 형태가 깔끔하고 손으로 집었을 때 탄력이 느껴진다. 베어 물면 단면에 잇자국이 선명하고 혀에서는 눈 녹듯이 균일하고 부드럽게 녹아야 한다. 강하면서도 독특한 향을 가지고 있어 소량만으로도 음식 전체의 맛을 좌우한다. 송로버섯은 인공 재배가 전혀 되지 않고 땅속에서만 자라므로 '땅속의 다이아몬드'라고 불리기도 한다.

달콤한 향기가 어머니의 후각을 자극했나 보다. 조용히 휠체어를 밀고 주방으로 들어오시더니 식탁 위에 놓인 초콜릿에 시선이 멈춘다. 무엇을 만들고 있는지 묻는다. 초콜릿이라고 했더니 슬그머니 손을 내민다. 평소 단 음식을 잘 드시지 않는데 아들이 만든 수제 초콜릿이 궁금하신 모양이다. 한 조각을 어머니 손에 올려드렸다.

공들여 만든 파베 초콜릿 하나를 입에 넣고 살짝 깨문다. 입안에 퍼지는 달콤한 부드러움. 절제된 단맛이 촉촉하고 쫀득한 식감과 버무려져 진한 여운을 남긴다. 트레비앙!

행복한 기분이 살살 녹아 스미는 초콜릿빛 밤이다.

광식이 동생 광자

회의가 길어지고 있었다. 신차의 이미지나 성능으로 보아 남자 모델이 적격이라고 팀원들의 의견이 모인다. 하지만 나는 카리스마 넘치는 여성 모델이 적합하다고 밀어붙였다. 그리고 K양을 떠올렸다. 혜성처럼 등장한 그녀는 거침없는 말투와 매력으로 순식간에 방송 연예계를 접수하는 중이다.

강남의 모 빌딩 커피숍에 도착한 것은 오후 6시경. 약속장소인 H빌딩에는 국내의 내로라하는 패션잡지사가 모두 모여 있다. 그녀는 그곳에서 촬영 미팅이 있다고 했다. 도착했다는 연락을 하자 그녀와 매니저가 곧바로 1층 로비로 내려왔다. 맥 빠질 정도로 일은 쉽게 마무리되었다. 잠시 후 계약서에 서명하던 그녀가 선글라스를 벗고 나를 지긋이 올려다본다.

-오빠, 나 모르시겠어요?

잠깐 동안 어리둥절했다. 무명시절일 때 일을 같이했던가. 아무리 생각해도 떠오르지 않는다.

–광식이 오빠 아시죠?

광식…. 어른스럽고, 똑똑했으며, 어쩐지 세상에서 큰일을 할 것 같았던 친구. 그런데 대학 입학 후 데모를 하다 강제 징집당하고 3개월 만에 시신으로 돌아왔다.

–저 광자에요. 광식이 오빠 동생. 그때 고마웠어요. 광식오빠, 그렇게 되었을 때…. 아빠도 없는데 엄마는 쓰러지시고, 나는 너무 어렸지요. 꼭 한번 만나서 고맙다는 인사하고 싶었는데. 진심으로 고맙고 감사했습니다. 그런데 저 많이 변했죠. 크면 오빠한테 시집간다고 했었는데…. 세월이 많이 흘러서 오빠가 알아보지 못하겠다는 생각은 했어요.

말투에 섭섭함이 배어난다. 아무리 봐도 어릴 때 모습은 남아 있지 않다.

–오빠 저랑 결혼해요.

느닷없는 그녀의 말에 당황한 순간 그녀가 환하게 웃는다.

–농담이에요.

그녀는 얼마 전 파격적인 제안을 받고 경쟁회사의 계약조건을 거의 수락한 상태였는데 내 이름을 듣고 마음을 바꿨다고 한다.

–오빠 자주 봐요.

주차장까지 따라나선 그녀의 목소리에 생기가 넘친다. 이번 계약이 인연의 덕을 보았다는 생각에 부끄럽기도 하고 미안하기도 하다. 편집실로 돌아오는 길에 여러 생각이 스친다. 광식이 늘 꿈꾸던 세상, 지금 많이 가까이 왔는데…. 왈칵 그 친구가 그립다.

유리 하모니카

숲은 싱그러웠다.
키 큰 나무들 사이, 좁다란 흙길을 걷는다. 한 발짝 뒤에서 따라오는 그녀의 발걸음이 경쾌하다. 연둣빛 나뭇잎 사이로 떨어지는 햇빛의 줄기. 숲은, 빛의 현이 만드는 거대한 하프다. 금방이라도 투명한 소리들이 여운을 주며 울릴 것 같다. 숲의 냄새를 따라 십여 분을 더 걸었다. 마음이 안정되자 나는 몸을 돌려 그녀에게 손을 내밀었다. 그녀는 가만히 내 손을 잡았다. 우리는 나란히 걸었다.

그해 봄이 시작될 무렵, 나는 대학생이 되었다. 전공과목 첫 과제가 사진으로 이야기를 꾸미는 평면 구성이다. 입시의 열기가 채 식지 않은 데다 새로운 환경에서의 첫 도전이라 의욕이 끓어올랐다. 시행착오와 싸우며 사진 작업에 매달렸다. 촬영이 끝나면 동네 입구의 레코드 가게에 들러 필름을 맡긴다. 당시 레코드판을 취급하던 대부분 가게는 사진현상과 인화를 겸했다. 현상은 매주 수요일과 금요일 오후 5시까지 접수하는데 시간을 맞추지 못하면 며칠을 기다려야 한다. 그날도 오후 내내 찍은 사진을 서둘러 맡겼다. 필름을 사각봉투에 넣고 이름을 적었다. 일의 중요성 때문에 주인도 미덥지 않아 주문서를 직접 쓰고 돌아서는 순간이다. 긴 생머리의 아가씨. 그녀는 L.P판을 고르고 있었다. 가끔 목 뒤로 손을 넣어 머리칼을 쓸어 넘겼다. 윤기 나는 갈색 머리가 찰랑댄다. 순간 모든 장면이 슬로우 모션이다.

진추하와 올리비아 뉴튼 존의 음색을 닮은 그녀는 혼성 그룹사운드의 리드싱어다. 여고 졸업 후, 미 8군 부대 장교클럽에서 노래하고 있다. 데이트할 기회는 좀처럼 오지 않았다. 굳이 만나려면 휴일에 연습실로 가 그녀를 잠시 보고 오거나 DJ로 일하는 명동의 음악다방으로 가야 했다. 학교생활이 바빠지면서 그녀를 만날 수 없었다. 아무 사이도 아닌 채 시간이 흘러갔다. 그러다 우연히 동네 레코드점에서 그녀의 공연 이야기를 들었다. 무작정 그녀가 보고 싶었다. 이제는 마음을 전해야겠다고 생각했다.

한적한 숲의 꺾어진 길을 돌아 우리는 야트막한 바위에 앉았다. 마음을 가다듬고 하모니카를 꺼냈다. 투명한 유리로 만들어진 하모니카. 초등학교 때 큰아버지가 이탈리아에서 사다 준 선물이다. 유리의 본고장에서 만든 것이라 책상 속에서도 귀한 대접을 받는다. 몸체는 유리이고 소리가 나는 황동의 금속판만 허공에 떠 있다. 그녀를 바라보며 연습한 곡을 시작했다. 떨리는 내 숨결은 두 줄로 나열된 구멍을 통해 화음을 만들었고, 리드의 여운은 나무 사이를 돌아 숲에 퍼졌다.

어색한 연주의 시간이 지났다. 그녀는 잠시 내 얼굴을 의아한 듯 쳐다보더니 밝게 웃는다. 이장희의 〈나 그대에게 드릴 말 있네〉가 유치해서인지, 유리로 된 하모니카가 제법 그럴듯한 소리를 내서인지는 알 수 없다. 갑자기 그녀가 나를 껴안는다. 긴 머리에서 풍기는 비누 향기가 아찔하다. 갓 스물의 봄이 깊어가던 오월이었다.

나는 그날 이후 그녀를 유리 장식장에서 꺼냈다. 그리고 오직 나만을 위해 노래하기를 원했다. 나의 독선과 이기심은 그녀를 무대에서 내려오게 했고 DJ도 그만 두게 했다. 다행히 그녀에게는 남다른 패션 감각이 있어서 직업을 바꾸는 데 큰 문제는 없었다. 마음을 정하고 시작한 복식 디자인. 학원의 정규 이수 과정을 마치기도 전에 그녀는 유명 패션 회사의 디자인실에 들어갔다. 모든 것이 희망적으로 보였다. 살면서 알게 된 것이지만 사랑도 일도 뜻대로 되는 경우는 별로 없다. 나는 그녀의 모든 것을 가졌다고 생각했다. 나의 일상도 달라졌다. 모든 관심은 미래를 향했다. 당시 제일 큰 영화사 연출부원으로 입사해 촬영장에서 밤낮을 보냈다. 그녀도 나도 정신없이 각자의 생활에 충실했다. 그러다 보니 서로 소원해지는 것은 당연했다. 보이지 않는 금이 가고 있었다. 갑자기 그녀의 아버지가 30년간 일하던 직장에서 뇌출혈로 쓰러졌다. 수술에서 가까스로 깨어난 그는 경제적인 문제로 장녀의 결혼을 서둘렀고 가난한 조감독에게 가까운 친구 이상의 자격은 주어지지 않았다. 불투명한 미래 앞에서 나는 어렸고 유약했다.

그녀가 집안의 강요로 선을 보러 간 날, 전조처럼 책상 위에 있던 하모니카가 떨어져 박살이 났다. 여러모로 가슴 아픈 날이었다. 얼마 지나지 않아 그녀는 원단 사업을 하는 사람과 결혼을 했고 내 마음속의 유리 하모니카도 산산조각이 났다.

코카콜라 회장을 역임했던 더글라스 데프트의 2000년 신년 메시지가 생각난다. 인생은 5개의 공으로 하는 저글링게임이다. 5개의 공은 일, 가족, 건강, 친구, 영혼을 대표한다. 오직 일만 고무로 된 공이고 나머지는 유리공이라서 떨어뜨리지 않도록 조심해야 한다는 내용이다. 깨지는 것이 곧 상실을 의미하는 일들이 얼마나 많은가. 돌이켜보면 나의 이기심이나 무관심이 관계를 탁하게 만들고 깨뜨려서 붙일 수 없게도 만들곤 했다. 다행히 지금 내게는 떨어뜨리지 않은 소중한 존재들이 아직 곁에 있다. 어머니와 형제들, 그리고 친구들. 세상에서 만난 좋은 인연들이 맑은 기운으로 하모니를 이루어 나를 감싸고 있다. 머물고 싶은 순간이다. 이미 잃은 것은 잊자. 남아있는 것들은 귀히 여기고 배려와 관심을 놓지 말자. 오랜만에 하모니카 소리가 그립다.

I have always believed, and I still believe, that whatever good or bad fortune may come our way we can always give it meaning and transform it into something of value. -Hermann Hesse

귀를 기울이면

잘 들어야 해요. 제일 큰 소리가 아니라, 내가 듣고 싶은 소리가 아니라. 안데르센의 동화를 극화한 아동극 〈여왕과 나이팅게일〉. 아름다운 목소리의 작은 새 나이팅게일이 어린 여왕의 귀에 속삭여주는 말이다. 남의 이야기를 듣는다는 것이 뭐가 그리 어렵다고 새는 감히 왕에게 충언하는 것일까.

대화는 듣는 것에서 출발한다. 먼저 들어야 상대를 이해할 수 있어서다. 나의 마음을 전하는 것 역시 잘 따져보면 듣기에서 출발한다. 들어야 마음을 얻을 수 있다. 어릴 때부터 부모님, 선생님, 그리고 어른들이 내게 해준 많은 말씀은 목소리만 다른, 같은 이야기들이었다. 못이 박히게 들어온 수많은 말들. 나 잘되라고 했던 그 말들이 세상을 잘 사는 지혜의 묘수였음을 지금에야 깨닫는다.

요즘 들어 더욱 겹을 더하는 마음의 폐쇄 장치는 특별한 이유도 없이 닫힌 상태를 유지하고 있다. 엘리베이터에서 모르는 사람을 만나도 웃음으로 인사하고 일상의 대화도 길게 나누었는데, 사는 일이 힘에 부치면서 다른 사람들과 깊은 이야기 나누는 일이 싫어졌다. 의도된 외부와의 단절에서 마음의 평온을 찾으려는 이기심에서 시작된 일이다. 얼마 전 40년 지기와의 결별도 찬찬히 생각하면 그의 이야기를 끝까지 들어주지 않고 마음의 벽을 만든 나의 문제였던 것 같다. 그로인해 잠시 평안했던 것은 사실이다. 하지만 시간이 가면서 소통상대의 부재가 실감 났다. 후회는 까끄라기처럼 일어나 조금씩 상처의 모양이 되어갔다.

세상 모든 사람들은 자신의 말에 귀 기울이는 사람을 친구로 여긴다. 그러나 진정한 경청자가 되기는 쉽지 않다. 그것은 기술의 문제가 아니라 마음의 문제이기 때문이다. 미하엘 엔데의 모모처럼 사람들의 이야기를 순하게 끝까지 들어줄 인내와 여유가 없다는 속단이 나를 막고 외부의 신선한 공기를 차단하게 하는 것이다. 선인들은 나이 들수록 하늘의 뜻을 헤아리고 순해진 귀로 세상을 부드럽게 바라보며 살았다는데. 날이 갈수록 사는 일이 버겁다고 눈도 귀도 닫고 사는 나의 무심함을 어찌할까.

인생의 반을 훌쩍 넘어 노년을 향하는 나의 막힌 귓전에 울림으로 남아있는 작은 새의 대사 한마디를 다시 한번 되새겨 본다.

"잘 듣는 방법은 배워야 해요. 안 그러면 제일 큰 소리만 듣는다니까."

위대한 그랜드 포즈

잘 만들어진 영화의 시간을 따르다 보면 극도의 긴장과 흥분이 동반된다. 영화만의 매력이다. 감독은 보이지 않는 권능자이며 배우와 그를 보는 나는 영화 속 시간에 갇힌다. 물리적인 시간은 아무도 멈출 수 없다. 다만 스크린에 고정된 순간만큼은 시간이 시계의 잣대를 떠난다. 플롯을 따라 시간이 움직이기 때문이다. 나의 시간도 스크린을 따라간다.

1969년에 만들어진 〈내일을 향해 쏴라〉에서는 마지막 장면이 영화 엔딩의 획을 긋는다. 죽음의 길인 것을 알면서도 두려움 없이 달려 나가는 두 주인공. 바로 스톱 모션의 차용이다. 화면 속 모든 움직임이 정지한다. 주인공은 스크린에 멈춰 버리지만, 영화를 보는 우리의 머릿속에서는 계속된 이미지가 연결되어 떠오르고 점점 또렷해진다. 영화 속에도 관성의 법칙은 존재하는 것이다. 그래서 영화관을 나와 현실에 익숙해질 상황에서도 정지된 잔상이 머릿속에서 계속 움직인다.

우리의 삶에도 스톱 모션이 있다. 잘나가던 사람이 한순간 추락한다. 그에게는 그것이 스톱 모션일 것이다. 영화는 대개 스톱 모션에서 끝이 나지만 현실은 숨을 쉬는 한 계속되기에 끝없이 지치기 쉽다. 때로는 스톱 모션에서 극단적으로 삶을 정리하는 이들도 있지만, 결코 좋은 일은 아니다. 그조차 실패하면 얼마나 낙망할 일인가. 살자, 살아야 한다.

스톱 모션의 순간을 또 하나의 기회로. 위대한 그랜드 포즈를 풀고, 내 일을 향해 쏴라.

Quizas, quizas, quizas

나탈리 콜의 〈Quizas, quizas, quizas〉가 흐른다.

금적색 치파오와 흔들리는 걸음걸이. 장만옥과 양조위의 슬픔 젖은 시선이 부드러운 선율에 실려 온다. 홍콩영화 화양연화花樣年華가 20주년 기념으로 리마스터링되어 개봉 중이라 한다. 20년 전의 감동, 화양연화. 다시 보면 감흥이 다를 것 같다. 생각해 보면, 그 영화를 볼 당시가 내게는 화양연화의 순간이었다. 하지만 사랑했던 사람들, 현장에서 열정을 쏟으면 함께했던 이들은 이제 내 곁에 없다. 환하게 멈춰선 아름다운 기억들. 머물고 싶은 순간의 잔영만이 남아있을 뿐이다.

조용히 접혀지는 내 하루 위를 도닥이며 아직 노래는 끝나지 않았다.

4

와인이 있는 여행

"와인은 모든 진리와 지식과 철학으로
영혼을 가득 채울 권능을 지니고 있나니."
-라블레(François Rabelais), [제5서(Le Cinquième et Dernier Livre)]

술을 잘하지 못하는 내가 유일하게 마시는 술이 와인이다. 생애 첫 와인이라는 말이 적당할지는 모르지만, 어릴 적 집에 행사가 있을 때 등장하던 달달한 '천양포도주'는 주종을 떠나 처음 마신 알코올음료다. 어른들의 추임새에 한 잔 두 잔 마시다 보면 어느새 어린 주정꾼이 되곤 했다. 대학입시를 끝내고 부모님 허락하에 당당하게 마신 첫술은 '마주앙'이다. 후에 알고 보니 한국 와인 역사의 시작을 알린 정식 와인이었다. 그 후로 별로 술을 입에 댈 기회가 없었다. 어른이 되어 직업을 갖고, 잦은 유럽 출장과 현지 체류 기간이 늘어나면서 내게 와인은 물만큼 가까워지는 음료가 되었다. 하지만 중년이 되고 국내 생활이 길어지면서 요즘에는 특별한 날에만 와인을 찾는다.

지인과의 인연으로 안산 팸투어에 참여했다. 노적봉 폭포에서 시작한 투어는 무심히 스치던 안산을 다시 돌아보게 했고, 코스가 진행될수록 묘한 매력으로 다가왔다. 해설 선생님의 쏙쏙 들어오는 안내에 귀 기울이던 중 대부도의 와인 양조장 탐방이 있다는 말에 호기심이 일었다. 어쩌면 와인에 대한 그동안의 내 생각이 틀릴지도 모르겠다는 막연한 느낌이 들어서다. 우리나라에서 만든 와인은 어떨까, 불쑥 대부 포도로 만든 와인이 궁금해졌다. 다문화 거리의 생기 넘치는 중국식당에서 로컬푸드의 깊은 맛에 감동하고 다시 투어버스에 올랐다.

7월의 한낮 해풍을 머금은 햇살이 대부도 언덕에 머물고 있었다. 포도알들은 투명에 가까운 엷은 초록빛을 띠고 익어가고 있다. 그랑꼬또Grnad Coteau. 큰 언덕이란 뜻이다. 청정지역을 자랑하는 대부도는 포도 재배에 필요한 천혜 입지 조건을 갖춘 곳이다. 이곳에 기존의 상식을 깨고 캠벨얼리 품종을 수없이 개량하여 결국 한국인 입맛에 맞는 와인을 탄생시켰다.

연한 핑크의 '그랑꼬또 로제와인'이 잔에 찰랑댄다. 로제와인은 레드와 화이트의 중간으로 레드의 색과 화이트의 맛을 가진 친숙한 느낌의 와인이다. 은은하고 달콤한 향이다. 첫맛은 달콤함, 다음은 청량감, 그리고 마지막엔 깔끔하면서도 약간 드라이한 맛이 골고루 입안에 퍼진다. '그랑꼬

또 청수'는 화이트 와인이다. 엷은 금색이 은은하다. 잘 익은 포도향이 기분 좋게 올라온다. 풍요롭고 넉넉하다. 적절한 산미가 있으면서도 혀에 진한 맛의 여운이 있고 약한 타닌이 혀를 자극한다. 생선류도 좋겠지만 파스타와 같은 면 요리와 잘 어울릴 것 같다. 세련된 한글 로고로 장식된 병 디자인도 좋다. 세계 와인 시장에 내놓아도 손색이 없는, 우리의 가치를 담은 당당한 와인이다.

안내를 받고 족욕을 했다. 발목에 찰랑대게 따뜻한 물을 받고 그 자리에서 바로 딴 와인을 발에 아낌없이 부어준다. 로마 황제나 받을 법한 특급 서비스다. 편안함이 온몸으로 퍼진다. 돌아오는 길에 와인 두 병을 샀다. 감사의 마음도 있었지만, 시음의 감동을 집으로 데려가고 싶은 욕심에 주저하지 않았다.

숙소로 향하면서 여러 생각이 들었다. 약간의 아쉬움이다. 오늘날 외국의 와인 양조장은 단순히 포도를 재배하고 와인을 주조하는 장소 이상의 의미가 있다. 숙박시설을 갖추고 와인과 잘 어울리는 맛있는 음식을 함께 제공하는 식당을 갖추고 관광객을 불러들인다. 풍광이 좋은 곳에 형성되기에 결혼식장과 기업들의 컨퍼런스 장소로도 널리 사용된다. 하나의 단지 형태로 운영되어 오는 손님의 마음을 사로잡고 주머니를 열게 한다.

대부도에서 와인을 생산한 지 이제 20년, 시작이 좋다. '그랑꼬또 청수'와 '그랑꼬또 M56' 와인이 한류의 물결을 타고 세상의 입맛을 사로잡는 날이 오기를 기원한다. 그리고 그 메카인 대부그랑꼬또 와이너리가 세계인의 관광명소가 되는 날을.

멋과 맛과 볼거리가 있는 따뜻한 공간 안산, 나는 안산이 좋다.

백제의 유산

뇌성을 동반한 세찬 장맛비가 백제의 밤을 덮고 있었다. 서기 660년 7월 13일, 18만 나당연합군이 구름 떼처럼 수도 사비성으로 진격해 온 날. 계백이 황산벌에서 전사했다는 급보가 날아들었다. 희망이 없었다. 소정방蘇定方이 탄 배도 부소산성 아래까지 밀고 올라왔다. 도성은 순식간에 함락됐다. 도성 밖도 아수라장이었다. 사비의 나성 동쪽 외곽의 백제 왕실 원찰願刹에서는 왕실 물건들을 숨기느라 피난 떠날 겨를이 없다. 왕조에서 선왕에 대한 예를 갖추기 위해 보관해온 수백 년 역사의 보물들. 스님들은 목숨보다 귀한 물건을 나눠 들고 뛰기 시작했다. 밤공기를 뚫고 사방에서 화살이 날아들었다. 비명과 고함으로 산사의 적막이 찢어진다.

보장스님은 간신히 사찰을 벗어나 뒷마당으로 내달았다. 비밀의 공간으로 가는 석조의 좁은 통로가 희미하게 보인다. 그때 한 무리의 적군들이 나타나 승려들을 도륙하기 시작했다. 어디로 가야 할지 눈앞이 깜깜하다.

횃불이 여기저기서 번득일 때마다 처참한 단말마의 비명이 터진다. 순간 연못이 눈에 들어왔다. 애써 침착하게 보자기를 물에 던졌다. 수면을 때리는 빗줄기를 안고 보자기는 서서히 밑으로 가라앉았다. 전쟁이 끝나면 다시 찾을 요량이었다. 이제 살기 위해 앞으로 달려 나가야 한다. 모퉁이를 돌아 산길로 들어서려는데 무엇인가 등을 강하게 때리더니 가슴을 꿰뚫었다. 무겁고 둔한 감각에 서서히 기운이 빠지며 스님은 더 앞으로 나갈 수 없었다. 사라진 백제의 역사 속에 그 밤도 아무런 기록 없이 모두에게서 잊혀 갔다.

1993년 12월 12일, 해가 뉘엿뉘엿 지고 있는 늦은 오후였다. 능산리 절터 부근 발굴 현장. 국립부여박물관 신축 주차장 확장공사를 위해 박물관장을 포함한 발굴단은 최종 점검을 하고 있었다. 부장품이 발견되지 않으면 다음 날부터 주차장 공사가 계속될 상황이다. 철수 직전 마지막 확인 작업으로 서쪽 회랑 북쪽 공터 습지를 파 내려가던 중이었다. 그런데 이상한 물체의 실루엣이 아른거렸다. 흙 위로 비죽 나온 것은 금속제 용의 다리 모양이었다. 범상치 않은 물건인 것을 직감한 발굴단은 작업을 야간으로 연장했다. 주변에서 샘물이 솟아 작업 속도가 붙지 않았다. 유물에 손상이라도 갈까 봐 삽도 쓰지 않고 맨손으로 작업을 계속했다. 얼어붙은 손가락으로 조심스레 진흙을 걷어낸 순간, 묻혀있던 백제의 문화는 1400여 년의 긴 잠에서 깨어났다. 연못에 숨겨졌던 보물. 그것은 백제금동대향로였다. 오랜 세월 속에도 손상되지 않고 처음 상태 그대로 보존될 수 있었던 것은 진흙이 천연 보호제 역할을 해주어서이다. 다음 날 영원히 콘크리트 속에 묻힐 뻔했던 금동대향로는 이렇게 극적으로 세상에 모습을 드러냈다. 국보 제287호 금동대향로, 백제 제27대 위덕왕이 자신 때문에 승하한 부친 성왕에 대한 자책과 명운을 위해 제를 올리던 향로로 추정된다. 이로 인해 삼국사기에서 기인한 백제문화에 대한 선입견과 학설은 한꺼번에 무너져버렸다.

진정한 진실이라는 점은 생각하기 꽤 까다롭다. 단순하게 생각하자면 역사적 사실이나 불변의 진리들이 이 맥락에 놓여있지 않을까 싶다. 자기만의 유토피아를 정해놓고 그 유토피아를 실현하겠다며 삶을 왜곡하는 사람들. 그들이 주장하는 합리성이란 언제나 독선으로 변할 위험이 있다. ‘내가 아는 것은 무조건 옳다. 그러니 모두 알아야 한다.’라며 자신들의 의견을 절대적인 것으로 만들고자 한다.

이러한 의도를 전달하려는 목적으로 세상을 조작하는 언어를 사용하기도 한다. '정치적으로 행동하라'라는 말에는 그런 뜻이 담겨 있다. 이는 결국 정보 조작이다. 다른 사람들에게 영향을 미쳐 그들을 조종하려고 할 때 쓰는 수법이다. 원하는 것을 쟁취하기 위해 속내와 다른 사탕발림으로 남의 비위를 맞출 때도 이 수법을 쓴다. 세상을 조작하는 언어는 비열한 책략이고, 허위 구호이고, 거짓 선동이다.

백제가 멸망하지 않았더라면 우리의 역사도 많이 변했을 것이다. 의자왕은 백제를 국제적으로 균형 있는 외교력과 국력을 갖춘 국가로 이끌며 한강 이남까지 진출한 훌륭한 왕이었다. 신라는 당과 담합하여 모략과 음모로 백제를 멸망시킨다. 거짓 사실로 백제의 문화와 역사를 지우고 의자왕을 횡음의 왕으로 왜곡시켰다. 낙화암에 가보면 좁은 공간이라 불과 몇십 명도 모여 있을 수 없다. 그런데 삼천궁녀라니.

역사는 승자가 쓰기에 우리는 과거의 정확한 사실을 알 수 없다. 최근 중국에서 발견한 옛 당나라 대장군 '예식진'의 묘비석에서 의자왕의 항복 정황이 드러났다. 항복 당시 백제는 알려진 바처럼 위급한 상황은 아니었다. 사비성을 버리고 진지를 둔 웅진성은 공략이 힘든 철옹성이며 삼면에서 달려오는 구원군을 기다리는 중이었다. 백제인 예식진은 주군 의자왕을 묶어 나당연합군에 내어주고 일신의 영달을 대가로 받은 매국의 정치가였다. 나라의 흥망의 순간에 어김없이 나타나는 배신과 매국의 작태는 국가보다 자신의 출세와 성공을 위하는 부패한 고위층에서 나온다. 조금씩 드러나는 백제의 실체는 우연이 아닐 수도 있다. 현시대를 사는 후손들에게 문화적 자긍심뿐 아니라 대한민국이 비약적으로 발전하는 이 시점에 하나의 경각심을 주는 것은 아닐까. 잘못된 선택은 이제 되풀이하지 말라는.

2020년 대한민국은 세계의 중심으로 나아가고 있다. 1960년대 128개국 중 127위였던 아시아의 작고 가난한 나라가 이제 모든 분야에서 세계 열

손가락 안에 드는 위업을 달성하고 있다. 전자, 철강, 자동차, IT뿐 아니라 문화와 의료분야의 선도국이 되었다. BTS는 세계의 청소년에게 건강한 메시지를 전달하는 정신적 지주로서 유엔과 미국의 정치권까지 영향을 미치고 있다. 우리의 영화는 미국의 전유물이라는 아카데미상의 모든 역사를 지우고 4관의 영예를 차지했다. 전 세계 시청률 1위를 기록한 조선 왕실 배경의 드라마 또한 세계인의 문화적 관심사다. 비록 코로나19와 복잡한 정치 상황으로 몸살을 앓고 있지만, 희망을 버리지 말자. 반만년 간난의 역사를 딛고 일어선 우리가 아닌가. 나보다 사회, 사회보다 국가를 위해 헌신하는 정치가들이 나서서 국가의 난관을 선도하기를 바란다. 그리고 그 옆에는 깨어난 우리 국민이 함께한다. 우리의 시대에 더는 개인의 일신을 위한 매국노들이 국가의 역사를 함몰시키는 일이 일어나선 안 된다.

진실은 수천 년이 지나도 꿋꿋이 서 있는 건물과 같다. 진실할 때 진정으로 과거는 지나간 것이 되고, 미래의 가능성을 활용할 수 있을 것이다. 진실은 절대 마르지 않는 최후의 자원이며 역사의 어둠을 밝혀주는 숭고한 빛임을 잊지 말자.

이천오백 년 후의 대답

캠퍼스 운동장에 발이 닿을 때마다 잘박잘박 물이 배어 나온다. 겨우내 박혀있던 얼음이 제법 녹은 탓이리라. 1년 전 늦깎이 공부를 하겠다고 이곳에 와서 빈 교정을 걸었다. 몇십 년 만에 다시 돌아왔다는 어색한 감회가 봄바람에 실렸다. 그리고 나로서는 감당하기 버거웠던 한 해가 지났다. 아직 학사일정은 반 정도나 남았지만 돌아가는 길은 조금 더 빠르지 않을까.

매주 토요일, 첫 강의 시간은 오전 9시다. 수업에 늦지 않으려면 7시 30분에는 출발해야 한다. 어머니의 아침과 약을 준비해 드리고 나서야 하기에 이른 시간부터 분주하다. 수업은 1시간가량의 점심시간과 30분 정도의 저녁 간식 시간을 포함해서 14시간 30분 동안 쉼 없이 진행된다. 기말고사 후 하루와 설과 같은 명절을 빼고는 휴강도 결강도 없다. 자의가 아니었다면 첫 수업 마치고 도망갔을 일이다. 열정만으로 견딜 수 없었을 학업을, 함께 공부하는 사람들이 좋아서 버티고 있다. 이미 학교나 도서관에서 사서를 하는 사람, 학사취득이나 제2의 인생을 위해 이 과정을 선택한 사람, 개중에는 현직 도서관장이나 고위 공무원도 있다. 자랑스러운 일은 아니지만 나는 그중 최고령자다. 교수님도 몇 분을 제외하고는 대부분 나보다 나이가 적다. 요즘에는 나이로 자리를 지킬 수 있는 시대가 아니다. 희생까지는 과한 일이지만 진심을 동반한 따뜻한 배려심과 자발적인 봉사 정신, 이것이면 어디서건 왕따 당할 일은 없다. 더욱이 해 보지 않은 부모 입장보다는 평생을 자식으로만 살아 온 노하우도 큰 보탬이다. 이런 배경에서 공부는 이미 내 내면의 증명이다. 배우는 사람의 본분이기에.

최고 수명 70년이라는 솔개는 40년 정도를 살면 발톱과 부리가 노화되고, 두꺼워진 깃털로 날기가 힘들어져 사냥하지 못하는 상황이 온다고 한다. 그때 솔개는 30년의 새 삶이거나 노화로 인한 도태 중에서 선택해야 하는데 갱생의 길은 절대 쉽지 않은 노력이 있어야 하는 일이다. 우선 높은 산으로 올라가 바위를 쪼아 구부러져 쓸모없는 부리를 깨뜨려 다시 나게 하고, 새로 돋은 부리로 발톱을 하나씩 뽑아내고, 새 발톱이 자라나면 날개의 깃을 하나씩 뽑아 결국 새 모습이 되는 데는 약 반년이라는 인고의 시간을 견뎌야 한다.

나이가 들어서 하는 공부가 녹록지 않다. 1학기를 마치고 성적을 보니 기대와는 사뭇 차이가 있었다. 기억하는 즉시 휘발해버리는 연식 있는 뇌의 문제를 차치하고라도 이미 책에 의한 학습법에서 너무 멀어져 있기에 나만의 공부 방식을 갖지 않고서는 절대 따라가기 힘들다는 생각이 들었다. 그때그때의 복습이나 예습은 어릴 때나 가능한 일, 길이 보여도 갈 수 없는 처지가 안타까웠다. 결국 암기를 포기하고 전체 내용의 이해와 요지를 파악하는 것으로 방법을 바꿨다. 점차 성적이 좋아졌다. 문헌정보학 학문이 문헌학에서 정보학으로 비중이 옮겨가고 있는 것도 적성에 맞았다. 그래도 과목마다 빠지지 않는 각종 과제물은 시험만큼 큰 부담이었다.

1년 전, 첫 프레젠테이션 발표 날을 생각하면 슬며시 웃음이 난다. 내 생애 처음으로 제작한 PPT를 발표한 날이기 때문이다. 예전에 광고회사의 책임자였을 때 직원들이 만들어놓은 것을 보기만 했지, 사실 직접 제작해 본 적이 없다. 직접 만들어야 하는 PPT 과제는 내 호기심을 자극했고, 그날부터 프로그램 탐구에 몰입했다. 우리 5조 과제는 'AI, 사서 그리고 도서관'. 4명의 조원이 주제를 나누어 관련 자료를 조사하고 정리한 후 PPT를 만들어야 한다. 나는 자연스럽게 PPT 제작을 맡았다. 최신의 프레젠테이션 기법을 테스트해 볼 기회라 생각하고 최선을 다했다. 드디어 발표날. 광고 기법을 활용한 화려한 영상에 교수님과 학우들이 놀랐는지 화면이 바뀔 때마다 탄성을 질렀다. 발표가 끝나자 모두 엄지 척, 그리고는 우르르 몰려와 어떻게 만들었는지 궁금하다고 난리였다. PPT 제작은 제법 재미가 있었다. 직접 해 보지 않았던 낯선 프로그램을 자유롭게 쓰는 일이 어려운 일이었지만 각종 기법을 과제에 대입하는 것은 별로 문제가 되지 않았다. 하나씩 결과물이 만들어질 때마다 창작의 기쁨과 유사한 기분이 들었다. 학점을 얻기 위해서 한 노력이 아니라서 나 스스로 대견하게 생각되었다. 이런 것이 학문의 성취에서 오는 기쁨일지도 모르겠다.

공부의 참맛, 유대인들은 '공부'라는 말보다 '배움'이라는 말을 쓴다. 용어부터 구체적이다. 공부라고 하면 어떤 정의를 내려야 할지 막막하지만 '배움'이라는 용어에는 주체가 분명히 드러난다. 즉 '내가 배운다'라는 주동적인 상황으로 바뀌게 된다. 그러므로 '배움'의 의미에는 내용과 더불어 당연히 배움의 자세까지도 포함되는 것이다. 어떤 책의 제목이 '공부가 가장 쉬웠어요' 인 것을 본 적이 있다. 그 책을 읽어보면 공부가 쉬웠다고 할 수는 없다. 다만 공부를 한 만큼의 성과를 얻을 수 있기 때문에 공부가 쉬웠다고 말하는 것은 아닐까 생각한다. 사실 배운다는 것은 중노동이다. 중노동의 참맛을 알려면 나처럼 나이가 들어서 진짜 하고 싶은 공부를 할 때 깨닫게 되지 않을까.

지난 학기 성적이 공지됐다. 생각보다 학점이 잘 나왔다. 내가 얼마나 노력했는지는 잘 모르겠다.

배우고 익혀 안다는 것은, 새로운 것에 익숙해져 그 이치를 이해하고 다른 사람에게 설명할 수 있는 것을 말한다. 파자법破子法으로 보자면 알 知지는 화살 矢시 자와 입 口구 자가 합친 글자이다. 입으로 아는 것을 화살처럼 쏟아놓을 수 있는 것을 '안다'라고 할 수 있겠다. 그렇다면 지혜 智지는 아는 것을 종일 조리 있게 이야기할 수 있을 정도의 역량이 아닐까. 아무리 아는 게 많다 한들 대단한 것도 없는 세상이지만, 논어 학이편의 대표 문구인 '배우고 때때로 익히면 또한 기쁘지 아니한가?'의 동감을 구하는 질문에 이제야 그렇노라고 답할 수 있다.

봄이다. 회춘이다. 생리적 회춘이 아닌 정신적 회춘이다. 무른 땅을 뚫고 솟아오르는 힘찬 새싹처럼, 고목의 두꺼운 각피를 뚫고 새 생명을 틔우는 인고의 기적을 마음에 품고 이번 토요일에도 나는 기쁜 마음으로 학교에 간다.

중재

조용하던 일상이 분주해지고 있다. 늦은 공부를 해보겠다고 잘게 나뉜 시간에 끌려가던 차에 이사준비까지 겹쳤다. 꽤 오래전에 이사가 결정됐는데도 쉽게 짐을 꾸리지 못했다. 마음에 여유가 생기면 해야지 하고 미뤄두었는데 이삿날이 며칠 뒤로 다가왔다. 더는 게으름을 피울 수 없게 된 것이다. 주말 오후에 서재의 책부터 정리하기로 했다.

버려야 할 책이 키 높이로 쌓였다. 어쩌자고 이것들을 다 끌어안고 살았는지 모르겠다. 두어 시간쯤 지나자 끝이 보이기 시작했다. 조금만 더 하면 쉴 수 있다는 생각에 부지런히 남아있는 책들을 꺼내는데, 낡은 책 한 권이 눈에 걸렸다. 아주 오래전 명동의 외국 책방에서 구매한 책이다. 왠지 지나간 청춘이 아직 머물러 있는 것 같아 슬며시 책장을 연다.

오래된 종이 냄새와 달리 보관 상태는 양호하다. 몇 장을 넘겼다. 순간 놀랐다. 이런 우연이…. 얼마 전 버닝썬 사건을 보며 생각했던 그림이다.

프랑스의 화가 자크 다비드의 작품 〈사비니 여인들의 중재The Intervention of the Sabine Women〉.

젊었던 어느 날, 루브르 미술관의 실제 작품 앞에서 미술학도인 후배에게 들었던, 분노에 찬 목소리의 작품설명이 기억난다. '사비니의 여인들'은 강압 앞에 힘없이 무너지는 여성상을 대표하며 많은 작가에 의해 묘사되었다. 회화작품뿐 아니라 조각상으로도 재현되어 무너진 인간성에 대해 성찰을 하게 해준 소재였다. 이브가 에덴에서 떠난 후, 가혹한 남성들이 자행한 찬탈과 폭력의 희생자였던 여인들의 역사이기에. 그러나 수백 년이 지나고 나폴레옹이 집권하면서 '사비니의 여인들'은 느닷없이 중재자로 역할이 바뀐다. 시민혁명으로 민중의 권리를 회복한 프랑스 국민의 피가 식기도 전에 스스로 왕위에 오른 나폴레옹에 대한 자크 다비드의 헌정이 '사비니 여인들의 중재'라는 작품으로 탄생한 것이다. 그 후 다비드는 살아생전에 부와 명예를 거머쥔 몇 안 되는 회화작가로 살았다.

동물적인 잔인성이랄까. 건국 초 로마는 심각한 문제에 봉착한다. 다음 세대를 잇기 위한 2세 출산, 그런데 여성이 부족했다. 로마가 선택한 마지막 수단은 납치였고 사비니족 여인들이 그 대상이 된다. 그 당시 신들을 위한 축제 시기에는 모든 전투를 멈추었다. 사비니족은 아무런 의심 없이 그 축제 기간에 로마의 초대를 기꺼이 받아들인다.

《변신 이야기》로 유명한 고대 로마의 시인 오비디우스는 《사랑의 기술》

에서 그날을 생생하게 묘사하고 있다. "로물루스는 로마에 여자들이 귀한 시절, 이웃 나라 사비니 여자들을 극장으로 초대해 축제를 벌였다. 당시의 극장에는 햇빛을 가리는 차양도 없었고, 사프란 액을 뿌려 무대를 붉게 물들인 것도 아니었다. 그저 숲이 우거진 팔라티누스 언덕에서 꺾어온 나뭇가지로 엉성하게 무대들 장식했을 뿐이다. 그렇게 소박한 축제가 벌어졌다. 관객들은 헝클어진 머리에 나뭇가지로 만든 관을 쓰고 계단식 잔디 객석에 앉아 있었다. 남자들은 연신 객석을 둘러보며 각자 미리 마음에 드는 사비니 여자를 하나씩 점찍었다. 마침내 에트루리아 출신 나팔수의 거친 멜로디에 맞추어 댄서가 발로 평평한 땅바닥을 세 번 구르니, 황제가 박수갈채를 받으며 일어서서 로마 남자들이 학수고대하던 납치 신호를 보냈다. 그 순간 갑자기 객석에서 로마 남자들이 자리를 박차고 일어나 일제히 함성을 지르며 점찍어둔 사비니 여자에게 달려가 탐욕스러운 손을 뻗어 그녀들을 움켜쥐었다. 사비니 여자들은 자신들에게 무자비하게 달려드는 로마 남자들을 보고는 마치 독수리를 보고 지레 겁을 먹고 도망치는 비둘기처럼, 또 늑대를 보고 도망치는 순한 양처럼, 공포에 질려 안색이 새파랗게 변했다. 그들이 느낀 공포는 같았지만 그걸 표현하는 방식은 각양각색이었다. 머리를 쥐어뜯는 여자, 넋을 잃고 그대로 앉아 있는 여자. 너무 슬퍼 울며 엄마만 불러대는 여자. 한 여자는 로마 남자에게 살려달라고 하소연했고, 다른 여자는 놀란 나머지 몸이 돌처럼 굳어버렸다.

또 어떤 여자는 도망쳤다.”

그날의 사건 이후, 삼 년이 흘렀다. 전열을 정비한 사비니 왕인 타티우스가 복수를 향해 로마로 진격했을 때 그의 딸인 헤르실리아는 로물루스의 아내이자 아이들의 엄마가 되어 있었다. 이미 로마인이 되어버린 사비니 여인들. 그녀들은 로마인 남편과의 사이에서 낳은 아이들을 데리고 사비니 군대와 로마 군대 한복판에 섰다. 한쪽 팔로 아버지를 그리고 다른 한쪽 팔로는 남편을 막아선 채 절규한다. 과부가 되거나 고아로 사느니 죽는 게 낫다고. 결국, 사비니의 딸이자 로마의 아내가 된 여인들의 중재가 전쟁의 살육을 멈추고 화해의 길로 인도했다. 로마는 그런 시작에서 출발하고 성장했다.

우리에게도 수많은 사비니 여인이 만든 뼈아픈 이야기가 있다. 공녀와 환향녀 그리고 위안부와 기지촌, 아직도 습관처럼 매 맞는 아내들과 술자리에 강제로 나가야 하는 연예인들, 알 수 없는 약물에 이성을 앗긴 우리의 딸들. 하지만 이들을 잔인하게 학대한 그리고 아무 반성도 없는 천인공노할 이들을 위한 중재는 없어야 한다. 한 번의 실수와 고질적으로 반복되는 악행은 다르다. 보호받아야 할 인권과 처벌받아야 마땅한 인권이 바뀌어서는 절대로 안 된다.

책 정리를 끝냈다. 버려야 할 책들이 산더미다. 이 책들을 버리고 나면 내 삶도 조금은 가벼워질 수 있으려는지. 새로운 공간에서 하나씩 짐을 풀며 오늘보다 내일이 훨씬 더 웃을 일이 많아졌으면 좋겠다. 창틈으로 여름이 들고 있다. 짧았던 봄은 아쉽지만, 또 새로운 계절에 익숙해지겠지. 창밖으로 익숙한 작은 골목과 기운 전봇대가 인사하는 오후다.

힘의 품격

세상은 오랫동안 강한 자들이 지배해왔다. 생존 먹이사슬에서 상위포식자는 강한 힘을 갖고 있다. 강하다는 것은 단순히 물리적인 힘만을 의미하지는 않는다. 물론 지능을 가진 지구 최상위 포식자 인간에게는 완력 외에도 권력이나 금력 등 힘을 구성하는 요소가 복잡하고 다양하다.

어느 시대에서나 힘이 없으면 강한 자의 먹잇감이 되는 일은 비일비재했다. 이러한 순리에 역행하는 연약하고 작은 벌레, 딱정벌레의 일종인 에포미스 유충이다. 자신의 몇백 배 크기의 개구리에게 이 유충은 잔인한 공포의 대상이다. 에포미스의 유충은 부화하면서부터 성충이 된 이후에도 개구리를 평생의 먹잇감으로 삼는다. 개구리의 가장 얇고 약한 다리 등 피부 점막에 작은 두 발톱을 찔러 박고 빨대로 빨 듯 개구리가 죽는 마지막 순간까지 체액을 모조리 흡입해버린다. 작은 벌레들의 위험한 포식자 개구리. 하지만 성장하여 변이를 마친 에포미스에게는 그저 만만한 먹잇감에 불과할 뿐이다.

잔바람에도 휘청이는 대나무는 폭풍이 오면 밑동 째 쓰러지는 소나무보다 강하다. 사실 대나무는 형태가 나무와 닮아있을 뿐 풀의 한 종류다. 땅속을 길게 가로지르는 하나의 줄기에서 뻗어난 마디에서 뿌리와 순을 틔움으로써 풀의 줄기들이 모여 대밭을 이룬다. 하지만 대나무는 꽃을 피울 수 없다. 백 년에 한 번 꽃을 피우면 죽는다는 개화병이 대밭에 퍼지면 줄기가 하나인 만큼 몰사를 피할 수 없다. 조물주가 만들어낸 자연의 균형인지는 모르겠지만 생명이 있는 모든 것들은 강하면서 약하고, 약하면서 강하다. 긴장을 놓을 수 없는 잔인한 생존의 법칙이다.

서양 정치사상은 권력Power을 중심으로 한 힘의 논리가 기본 개념이다. 정권을 'political power'라 하고 입법, 사법, 행정 삼권의 균형을 'balance of power'라고 한다. 정치는 오롯이 힘의 영향권에 지배받는다. 민주주의라는 'democracy'만 해도 'demos다수'와 'kratos힘'의 합쳐진 말로 '다수의 힘'을 의미한다. 동양의 통치 철학은 힘보다는 덕을 중시한다. 맹자는 '패도'라 하여 왕도정치의 대립개념으로 경계를 세웠다. 맹자는 "힘으로써 인仁인 듯이 꾸미는 정치는 패도요, 덕德으로써 진정한 인을 실천하는 정치는 왕도다."라고 했다. 힘의 논리가 개인주의적 사고에 의한 배타적성격을 갖는다면, 덕의 논리는 개인의 유기적 관계를 유지하며 더불어 사는 공동체 원리에 근원 한다.

21세기에 들어와 힘의 논리에 지각변동이 몰아쳤다. 지나온 세월과는 맥락이 다르게 힘의 주체와 성격에 급진적인 변화가 거듭되고 있다. 소프트웨어가 하드웨어를 지배하는 세상이다. 상상력이 고정관념을 밀어내며 곳곳에서 부드러운 힘이 강함을 이기고 있다. 아무 의미도 없던 정보들이 모여 거대한 시스템을 만들고 세계를 움직이는 힘의 근간이 된다. 하지만 반대급부로 기존의 도덕과 관습마저 급변하는 현실이다. 인식을 가진 사람들은 우려의 시선으로 미래를 가늠한다. 점차 허물어지는 세계관을 버티기 위해서 그 어떤 시대보다 인본주의가 필요한 때가 왔다. 만물의 영장이라며 방만해 온 인간의 진정한 가치를 회복해야 한다. 자신만의 이익을 지키고 세습하기 위해 권력과 금력으로 약한 자 위에 군림하는 기득권들은 이제 각성해야 할 시점이다. 세상은 나 혼자 사는 곳이 아니며 사랑과 용서와 더불어 사는 것이 모든 증오와 탐욕, 악한 행동을 절제하는 수단이며 순수한 가치임을 인지하는 사회가 되기를 꿈꾼다.

세상에 봄이 오고 있다. 부드러운 봄이 경직의 겨울을 이기는 것처럼. 강력한 무기와 군병을 내세운 외적의 끝없는 침략과 수탈에도 위정자나 기득권이 아닌 힘없는 백성들이 올곧고 당당하게 지켜온 나라. 그 나라가 이제 슬픈 역사를 딛고 세계의 중심이 되고 있다. 대한민국 젊은이들의 착하고 바른 메시지가 멜로디를 타고 온 세상에 울린다. 훈훈한 인간애를 실은 우리의 문화, 예술, 의술에 세계가 감동하고 있다. 또 한 번의 큰 환란을 극복하고 대한민국은 비상하고 있다. 미래 사회를 위한 진정한 힘이 무엇이고 강자의 자세와 품격이 어떤 것인가에 새로운 기준을 만들며.

푸른 민달팽이, 그리고

오랜만에 올빼미 생활로 돌아왔다. 하지만 밤은 물론 낮에도 잠을 잘 수 없으니 불면의 올빼미가 맞겠지. 청탁받은 일이 마무리되었다. 창문을 열고 바람을 맞는다. 푸른 빛의 새벽이다. 작업 중 혼탁했던 생각의 찌꺼기들이 신선한 공기에 휘발해버린다. 이런 때면 늘 맑아진 머리에 슬며시 따라 들어오는 생각이 있다. 무슨 일이든 주어진 일이 잘 마무리되면 성취감에 만족스러워야 하는데 왜 늘 허무한 감정이 밀려드는 것일까.

하나의 일을 마치면 일종의 포스트 단계라고 할까. 일의 완성까지 부족했던 것들과 그로 인해 체득한 지식이나 요령이 정리된다. 대부분은 빈약한 지식이나 부족한 정보에 가난한 자신을 돌아보게 된다. 다행히 부족한 정보는 엄청난 지식의 보고가 눈앞에 있기에 손가락만 조금 바삐 움직이면 보완이 가능하다. 하지만 스스로에 대한 부족함. 미완의 결핍감이 덩어리져서 한동안 떠나지 않는다. 늘 일의 완성에 개입하는 가장 큰 적이며 어려운 상대는 내부에 자리한 선입견과 고정관념이었다. 알고 있는 것, 잘 안다고 확신하는 것들이 사실과 다를 때는 정말 혼란스럽다.

초등학교에 다닐 무렵의 일이다. 학교에서 모든 물고기는 아가미로 숨을 쉰다고 배웠는데 어느 날 물 밖에서 숨을 쉬는 물고기를 보고 호들갑을 떤 적이 있다. 망둥어였다. 어른들은 무심하게 망둥어는 원래 그렇다고 했다. 세상에 원래 그런 것이 어디 있을까. 그렇다면 교과서에 쓰여 있는 모든 물고기는 아가미로 숨을 쉰다는 정의는 틀린 것이다. 하지만 아무도 제대로 알려 준 사람은 없었다. 결국, 어떤 것이든 예외라는 특별한 경우가 있다는 것을 인정하는 데 꽤 오랜 시간이 걸렸다.

나의 선입견과 고정관념에 대한 해답은 엉뚱하게도 자연에서 얻었다. 푸른 민달팽이Elysia chlorotica와 웜뱃wombat을 소개한다. 우선 푸른 민달팽이는 동물과 식물의 중간자다. 새로운 개념이라 망둥어를 처음 보았을 때만큼 당혹스러웠다. 푸른 민달팽이는 바다에서 해조류를 먹이로 하는 생명체다. 형태도 나뭇잎과 비슷해서 해조류 속에서 위장술도 뛰어나다. 특이하게도 섭취한 조류의 엽록체를 소화하는 대신 자신의 세포 안으로 이동시켜 광합성으로 에너지를 얻는다. 먹이사슬 최하위의 푸른 민달팽이는 스스로를 지킬 딱딱한 껍갑도 없이 생존을 위한 위장술과 환경적응을 위한 몸의 변이까지도 허용할 수밖에 없었을 것이다. 동물이며 동시에 식물인, 불과 2~3cm의 민달팽이의 삶에서 우리네 세상살이가 읽힌다.

얼마 전 호주에서 산불로 남한 면적 이상의 숲과 농지가 불탔다. 석 달 이상의 화재는 10억 마리 이상의 동물을 희생시키고 진화되었는데 여기서 동물들의 영웅이 탄생했다. 웜뱃wombat이다. 웜뱃은 코알라, 캥거루와 함께 호주를 대표하는 귀여운 동물이다. 오소리와 비슷하며 몸의 길이는 70~120cm 정도로 꼬리와 귀는 짧고 배에 새끼주머니가 있다. 초식동물인 웜뱃의 강한 발톱과 설치류를 닮은 앞니는 긴 굴을 파기에 적합하다. 밤이나 어스름할 때 활동하지만, 시원할 때나 흐린 날에는 낮에 나오기도 한다. 웜뱃이 호주의 화재 당시에 놀라운 행동을 보였다. 불길의 위험에 처한 작은 동물들을 자신의 굴로 인도해 피신시켰다. 사람도 선뜻 하기 힘든 행동으로 다른 동물들의 생명을 구한 것이다. 몽실하게 생긴 웜뱃은 요즘 호주인들의 사랑을 잔뜩 받고 있다.

열등하다고 여겨온 작고 보잘것없는 생명체, 그들의 살아가는 모습은 새삼 위대한 가르침을 주고 있다. 자신을 스스로 변화시켜 가장 낮은 곳에서도 살아갈 수 있는 적극적인 생존 방법을 터득한 푸른 민달팽이, 그리고 같은 동물 친구들에게 따뜻한 사랑을 실천했던 웜뱃의 행동에서 살아가는 방법을 배운다.

지식과 정보는 과학기술과 계측기구의 발달로 그동안 알지 못하던 세계를 규명하고 있다. 잘못된 정보는 수정되고 새로운 정보는 저장된다. 고착된 사고로는 퇴보만 있을 뿐이다. 우리가 일상적으로 사람을 대하거나 사물을 보고 인식하는 것은 틀에 박힌 고정관념에 지나지 않는다. 그러므로 이미 알아버린 대상에서는 새로운 모습을 찾아내기 어렵다. 얼마나 잘못된 것인가. 사소한 일일지라도 선입견을 벗어나 열린 마음으로 바라본다면 세상은 조금 더 내게 열리지 않을까.

한 살 두 살 나이를 더할수록 나름의 방어기제만 두께를 더한다. 세월과 아집이 만든 견고한 선입견은 점차 거추장스러운 애물단지가 되어 나의 내부에서 양보도 없이 웅크리고 있다. 콘크리트처럼 굳어져 가는 자신에게 자구의 메시지를 발신한다.

어떻게 사는가, 무엇을 위해 사는가.

꽃이 있는 세상

향기로운 침묵의 언어. 꽃은 신이 인간에게 내린 선물이다. 저마다 빛깔이 있고 향기가 있는 꽃. 주고받는 마음에 각별한 뜻이 담기는 아름다운 선물이다. 아름다움에 대한 도취. 그래서 조금은 사치스럽고 즉흥적인 최상의 선물이 되기도 한다.

세상의 아름다움에 눈이 지쳐 지겨울 때가 있다. 그럴 때면 어릴 적 살던 혜화동 파란 대문집이 생각난다. 어머니 손을 잡고 유치원에서 돌아올 무렵이면 따뜻한 햇살 아래에서 꽃을 손질하던 할머니. 하얀 햇살을 튕기며 섬세한 선을 그려내던 할머니의 현란한 가위 사위가 화단에 머문 날에는 식탁 화병에 꽃이 한 아름 피어난다. 복잡한 상념도 싹둑 잘려 나갈 것 같은 경쾌한 금속성의 가위 소리와 오후 내내 주위를 맴도는 비릿한 풋내는 늦은 봄, 한낮의 아름다운 선물이었다.

언젠가부터 나는 꽃을 탐탁지 않게 생각한다. 볼만하면 잔인하게 망가져버리는 모습이 싫기도 하거니와 아무리 고혹적인 향기도 계속 맡다 보면 무덤덤해져서다. 어느새 꽃을 사랑하지 않는 무심한 어른이 되어 버린 나. 할머니가 돌아가시고 나서는 집안에 꽃이 사라졌다. 세 살 터울의 우리는 줄지어 학교에 다녔다. 어머니는 꽃까지 가꿀 여력이 없었다. 꽃 한 송이 없는 방과 쓸쓸한 뜰. 내 마음에서도 꽃은 점차 사라져버렸다.

우리 육 남매는 어느새 중년을 넘기고 있다. 어린 시절의 할머니 나이에 가까워져 간다. 누나의 주름진 눈가와 젊음을 보내버리고 있는 동생들의 얼굴을 보면서 애잔함이 가슴에 차오른다. 문득 누나에게 꽃을 선물해야겠다는 생각이 들었다. 꽃다발을 안겨주고 환하게 웃어주고 싶었다.

꽃가게에 들렀다. 수줍게 핀 꽃들. 무엇을 골라야 할지 망설이다 주인에게 선택을 맡겨 버렸다, 여주인의 숙련된 가위질에 꽃은 새로운 형체를 갖춘다. 전지가위가 만드는 선들이, 향기가 꽃집 한켠을 환하게 메우고 있다.

귀한 손님을 기다리는 섬, 풍도

대부도 방아머리 선착장에서 뱃길로 1시간 30분. 비단결 같은 물길을 따라 작은 섬들이 병풍처럼 펼쳐진다. 뱃전에 부서지는 포말 소리에 잠시 모든 상념을 잊는다. 누군가의 탄성에 고개를 들었다. 멀리 풍도가 보인다. 작은 산 하나가 바다에 둥실 떠 있는 모습이다. 수도권 가까이에 이토록 아름다운 섬이 있었던가.

풍도는 상실의 아픔이 많은 섬이다. 동학혁명 당시 조선 찬탈의 기회로 삼은 일본이 청나라 배를 공격하며 전쟁이 시작됐다. 그 장소가 풍도 앞바다다. 풍도 사람들은 가라앉은 청나라 군사의 시신을 거두어 장례를 치러주었다. 지금도 풍도 숲길을 따라가다 보면 묘비를 만날 수 있다. 풍도는 가을이 되면 타는 듯한 단풍으로 절경을 이룬다. 그래서 풍도楓島로 불렸다. 하지만 일제 강점기에 일본인들이 좋아하는 풍요로울 풍豊자로 바뀌었고, 아직 원래의 이름을 찾지 못하고 있다.

풍도 해변에는 갯벌이 없다. 그래서 예전의 주민들은 근처 무인도였던 도리도를 생활의 거점지역으로 만들고 바지락, 굴과 낙지를 생계의 주요 수단으로 삼았다. 섬 주민 전체가 1년에 4월, 11월 두 번 도리도로 임시 이주를 했다. 특히 늦가을에는 섬에 한두 사람만 남기고 아이들은 물론 선생님까지 집단으로 옮겨갔다. 몇 달씩 거주하며 일한 만큼 도리도의 개펄은 넉넉한 수확을 안겨주었다고 한다. 그러나 행정 구역이 통합되고 바뀌는 과정에서 도리도는 다른 도시로 편입되었다. 20세기 초부터 100여 년 동안 조상 대대로 가꾸어 온 삶의 터전, 도리도. 그 섬을 풍도 사람들은 더는 갈 수 없게 된 것이다. 이후 풍도는 한때 1,000여 명이 어울려 살았지만, 지금은 100여 명의 주민만이 섬을 지키고 있다. 희미해지는 과거의 영화를 떠올리면서.

풍도의 돌은 독특한 색을 품고 있다. 오석 계열의 고강도 석, 석영이 박힌 돌 등 각양각색의 귀한 돌이 많다. 지금은 문을 닫았지만 15년 전까지 이곳에서 돌을 채굴했다. 바다를 바라보고 있는 석산의 한 귀퉁이가 뚝 잘려 나갔다. 바다가 위로해 준다고 해도 쉽사리 치유될 것 같지는 않다. 인간의 욕심이 풍도에 깊은 상처를 남긴 것이다.

풍도의 제일 큰 위기는 지금부터인지도 모른다. 섬 주변의 절경과 원시림의 자연경관이 알려지면서 사진작가들이나 생태연구가들이 섬을 찾기 시작했다. 몇몇 야생화는 희귀종이라 자신의 작품에만 유일하게 남길 목적으로 사진 촬영 후 밟거나 꺾어 버리는 사람들이 생긴 것이다. 오백 년 된 해송 가지를 잘라가려고 뒷주머니에 작은 톱 등을 넣고 처음부터 나쁜 목적으로 오기도 한다. 이들은 인면수심의 만행을 저지르고 유유하게 섬을 떠나갔다. 천 년 동안 만들어진 야생화의 군락지가 인간에 의해 훼손되고 있다. 이대로라면 2, 3년 이내에 사라질 것이 자명하다. 풍도 앞바다의 수심이 깊어서인지 요즈음에는 낚시인들까지 모이기 시작했다.

기암괴석과 아름다운 천혜의 작은 섬, 풍도. 복수초, 변산바람꽃, 현호색, 대극, 족두리풀, 우산나물, 꿩의바람꽃, 노루귀, 바람꽃, 개별꽃, 얼레지, 무릇 등 가히 야생화의 천국 풍도는 많은 관광객이 와주기를 바란다. 천혜의 아름다운 자연경관을 함께 나누고 싶어서다. 하지만 풍도는 쉽게 자신을 내어주지 않으려 한다. 오직, 자연을 사랑하는 귀한 손님만을 기다리고 있을 뿐.

하루

'하루'라는 단어로 몇십 년 만에 글을 한번 써보리라 작정을 하고 컴퓨터 앞에 앉았습니다. 하루, 하루, 하루, 하루 …. 사실 하루가 아니고 며칠이 지나도 글은 한 줄 안 써지고 하루라는 단어만 머리에서 맴돌았습니다. 그러다 느닷없이 하루의 어원이 궁금해졌습니다. 웹서핑을 하다 보니 한국의 자료보다 일본의 한 조사 문헌에서 그 답이 나왔습니다. '하루'의 어원은 일본어와 같이 빛光과 날日을 뜻하는 'ᄇᆞᆯ'발이라고 합니다. '불火', '밝다'의 어원이기도 한데 오랜 세월이 지나는 동안 [ᄇᆞᆯ(발) -> 할 -> 하루昼]의 순으로 변화되어 '하루'라는 단어가 되었다고 합니다.

어둠은 어둠으로 몰아낼 수 없다.
어둠을 몰아내는 것은 빛뿐이다. -마틴 루터 킹

킹목사가 말씀하신 빛의 의미는 선함이겠지만 빛은 모든 어두움에 대항하는 절대적인 힘입니다. 겨우 초 한 자루의 빛만으로도 암흑은 걷히니까요.

사람에게도 빛이 있습니다. 생명의 기미가 빛으로 표현되기도 하고 기독교에서는 신도들에게 세상의 빛과 소금이 되라는 말도 있지요. 빛이 나는 사람, 하루를 살아도 주변을 밝은 분위기로 만들어 주는 그런 사람이 많이 부럽습니다. 부러움은 부러움일 뿐. 제가 사는 모습은 절대 그런 모양새가 아닌데 저의 이름에는 빛과 밝음이 지나치게 많이 들어 있습니다.

저의 성姓은 백白입니다. 태양의 빛이 한줄기 뻗어나는 모양의 한자입니다. '배달의 민족' 할 때 그 밝음을 뜻하는 '배'와 같은 어원을 가지고 있습니다. 그런데 저의 이름 마지막 글자가 한자로 '빛날 욱旭'입니다. 해가 아홉 개나 들어 있으니 빛나도 얼마나 빛이 날지. 더구나 앞의 글자는 '착할 선善'이라서 풀이를 하자면 저 자신이 다소 민망해짐을 피할 수 없는 이름입니다. 작명하신 분의 뜻대로 정말 착하게 살아야 하는 운명인데 이미 반평생이 지난 지금, 그분께 죄송한 마음이 듭니다.

짧지 않은 동안 행하여 온, 수 많은 저의 악업에 대해서는 누군가 혹시 궁금해하실지도 모르겠으나 자칫 고해성사나 간증의 느낌으로 흘러갈 것 같아서 미리 과감히 접습니다. 아무튼, 지금까지의 살아온 바에 의하면 저의 이름은 아무래도 '악욱惡旭'이 제법 어울릴 것 같기도 한데 어감이 영 좋지 않으니 이름은 그냥 두고 끝 자의 의미만 '토할 욱'자로 바꾸는 편이 양심에 덜 걸릴 것 같습니다. 아니면 하루만이라도 착하게 살라고 해를 한 개만 쓴 '선일善日'로 바꾼다면 오히려 자연스럽기도 하겠지만 이제 와 개명을 하기에는 그렇고 '선'자를 그냥 쓰되 뜻만 영어에서 가져와 '태양 선(Sun)'으로 대체하면 햇빛이 충만한 이름 '백선욱(밝은 태양이 빛나다)'으로 쓰면 어떨까 생각해 봅니다. 위대한 자연의 진리에 나름대로 솔직하고, 뭔가 애쓰지 않아도 될 느낌도 들고, 글로벌 시대에도 그런대로 편승한 이름 풀이인데다가 제가 앞으로 살면서 양심과도 부딪힐 일까지 고려하면 그다지 무리는 없다는 생각에서입니다. 제 생명의 빛이 남아있는 한, 그럴듯한 이름에 부끄럽지 않게 하루하루를 살아야겠다는 각오가 빛처럼 빠르게 들었다가 유감스럽게 바로 사라진, 어느 겨울 하루의 망상이었습니다.

겨울나기

입춘이다. 아직 겨울의 품 안에 있지만 봄이 문을 두드린 것이다. 이번 겨울은 예년보다 더 추운 듯하다. 나이가 들어서인지 쓸쓸한 마음 탓인지 겨울나기가 예년과는 사뭇 다르다.

오랜만에 내복을 입었다. 어릴 때 입어본 이후 쳐다보지도 않던 내복을 다시 입은 것이다. 추위를 덜 타기도 하지만 대부분 따뜻한 공간에서 공간으로 이동하다 보니 필요성을 못 느꼈다. 조금 두툼한 배기바지, 가뿐하게 목을 가리는 터틀넥과 머플러, 겉옷이면 겨울 의상은 더 생각할 일이 없다. 사실 내복을 입으면 누군가가 나를 붙잡고 있는 것 같아 불편하기 그지없다. 어쩌면 내복을 노인의 전유물처럼 느낀 것이 이유일 수도 있겠다. 그러던 내가 이번 겨울에 내복을 입은 것이다. 입어보니 편안하기도 하고 스타일도 괜찮다. 덕분에 따뜻하게 겨울을 나고 있다.

얼마 전에는 한의원에 가서 보약을 지었다. 지인의 소개를 받아 한의원을 찾아간 것이다. 오래도록 지속된 불면과 결식으로 몸의 상태가 엉망이다. 자기관리 실패의 증거들이 몸으로 시위한다, 체중이 생애 최저치다. 얼굴 골격은 홀쭉한 정도를 넘어섰다. 5년 만에 들른 감기는 나가지 않고 똬리를 틀었다. 스트레스가 불면을, 불면이 건강이상을, 건강의 적신호가 또 다른 스트레스로 가중된다. 남자에게도 갱년기가 있다지만 예로부터 8,8은 64, 예순넷이 분기점이라고 한다. 그런데 나의 아침이 별로다. 총체적 비상이다. 병원에서는 영양실조로 진단이 나왔다. 콜레스테롤이나 지방간, 당뇨도 없고 전립선도 깨끗하다니 불행 중 다행이랄까. 한약의 효능 덕분인지 요즘 식사량이 현저하게 늘었다. 비로소 몸이 더운, 제법 사람 같은 느낌이다.

식욕이 살아났다. 자급자족. 내가 만들어 내가 먹는다. 음식명가 백씨의 일원답게 오랜만에 앞치마까지 둘렀다. 그동안같이 먹어줄 사람도 마땅치 않고 음식에 대한 욕구도 없어 부엌에 좀처럼 들어가지 않았다. 요즘에는 닥치는 대로 시간이 나면 음식을 만들어본다. 하지만 불만 지피면 되는 반조리 식품이 넘쳐나, 요리라고 하기에는 남부끄러운 상황이다. 그래도 요리는 요리다.

오늘은 오랜만에 한파라더니 내복 입고 출근한 내게는 추위도 아니다. 경쾌한 하루를 보내고 한의원에 갔다. 맥이 살아났다나. 1달 만에 2kg 조금 넘게 체중이 불었다. 한 재 더 지을까 고민하다 다음으로 미뤘다. 이제부터는 식이요법으로 건강 되찾기를 계속하는 것이 좋겠다는 생각이 들어서다. 그래서 오늘 메인 메뉴는 돼지갈비구이. 파를 잘게 넣은 맑은 일본 장국으로 느끼함을 보완한다. 갈비의 전통 양념에 중국의 두반장 한 술을 넣고 구웠더니 잡냄새가 없다. 어머니는 식사 후라서 혼자서 우걱우걱 반 근은 먹은 것 같다.

요리의 완성은 정리에 있다. 설거지는 요리 중간마다 해놓는다. 마무리를 빠르게 하고 계면활성제를 조금 넣은 물을 담아 프라이팬을 덥힌다. 잠시 쉬는 틈에 커피를 마시고 얼마 전에 산 책을 읽는데 달콤 매캐한 냄새가 진하게 풍긴다. 이런…, 가스 불을 끄지 않았다. 아직 끝난 게 아니었는데. 허겁지겁 찬물로 팬을 식히고 보니 삼중 코팅의 막 면이 바닥까지 오그라져 있다. 독서삼매경에 빠져 한겨울 길바닥에 나앉을 뻔했다.

액땜을 한 걸까. 이번 겨울나기는 나름 성공적이다. 그저 겨우겨우 견디어 내는 것이 아니라 적극적으로 맞닥뜨리며 작은 시작을 하고 있으니. 무엇인가가 다시 꿈틀 살아나고 있는 지금이다. 이젠 봄맞이를 준비해 볼까나.

카페, 호랑이가 장가가는 날

봄 녘의 오전 햇살이 성긴 개나리 꽃잎을 건드리고 있다. 때맞추어 바람이 불었고 딴청 피던 먹구름이 깜짝 놀라 소나기를 만든다. 빗방울이 햇살에 걸려 선명한 무지개를 만들 때 호랑이는 준비도 없이 새신랑이 된다. 오늘은 호랑이가 장가가는 날이란다. 새로운 프로젝트 때문에 모인 우리 일행은 느닷없는 결혼 하객이 되어 버렸다.

강남의 후미진 골목 안에 자리한 카페 '호랑이가 장가가는 날'.

소나기에도 아랑곳하지 않고 삼면을 둘러싼 커다란 창을 활짝 열어 놓았다. 덕분에 안과 밖의 구분이 없어져 분위기가 사뭇 여유롭다. 벽면에는 방송 출연 기념으로 만든 작은 액자가 걸려있다. 그 속의 사진에서처럼 사장은 젊고 멋진 청년이다. 나의 현란한 너스레에 못이기는 척, 멋진 특제 빙수를 내놓았다. TV에 소개된 바로 그 빙수다. 청년의 매력적인 미소가 서비스로 따라 나왔다. 아직 이른 봄인데도 빙수는 같이 나온 떡과 어울려 시원하게 입에 착착 붙는다. 진한 상쾌함. 정신없이 숟가락 신공을 날리는 순간, 뒷머리가 싸하게 저려온다. 공짜라고 너무 급히 먹었나.

왼쪽 창가에는 젊은 커플이 손을 마주 잡은 채 조곤조곤 이야기하고 있다. 들리는 소리로 보아 두 사람은 곧 유학을 떠날 모양이다. 하지만 여자는 급박한 그의 결정에 불만인 듯하다. 서두르는 그에게 시간을 달라고 청한다. 아직 여자의 마음에 남자가 온전히 들어서지 않은 탓은 아닐까. 정면 앞자리에 혼자 앉은 중년 여인, 보톡스가 만든 팽팽한 긴장이 얼굴을 당기고 있다. 끊임없이 누군가와 통화를 한다. 말에 힘이 들어갈 때마다 입술이 반짝인다. 잠시 후 긴 통화를 마치더니 흡연실 연기 속으로 숨어버렸다.

오른쪽 구석에는 휠체어를 탄 할머니와 바짝 의자를 당겨 앉은 할아버지가 커피 한 잔을 나누어 마시고 있다. 할머니를 바라보는 할아버지의 눈매에 사랑이 가득하다. 할아버지는 여행계획을 설명하고 있다. 듣다 보니 매 계절이 끝날 때 동반 여행을 하는 것 같다. 황혼 녘 노부부에게 찾아온 새봄의 여유와 사랑이 부럽다.

일행과 다시 이야기를 나누느라 잠시 시선을 놓친 사이, 젊은 커플은 보이지 않았다. 할아버지는 중절모를 고쳐 쓰고 할머니의 휠체어를 밀며 문밖으로 나가는 중이다. 연기에 잔뜩 절어 돌아온 중년 여인은 커피 한 잔을 더 시키고 자리에 다시 앉았다. 여전히 손에서 핸드폰을 놓지 않는다.

곧이어 대학생들로 보이는 대여섯 명이 커피를 사 들고 나갔고, 회사여직원들의 불평이 가득하던 구석 자리도 어느새 비었다.

지나던 소나기는 오래전에 그쳤다. 호랑이 신랑의 예식은 짧게 끝나버리고 하객의 대부분이 자리를 떴다.

그럴듯한 옛이야기 속 공간에서 일행들과 의논한 프로젝트는 가상현실 프로그램. 이미 상용화된 S기어 VR에 들어가는 콘텐츠에 관한 것이다. 스마트폰을 장착해 머리에 쓰고 안경처럼 들여다보면 또렷한 입체화면이 전후좌우 눈의 움직임을 따라 펼쳐지는 멀티시스템이다. 이 가상이 만든 초현실 세계에서는 사이버 연인마저도 구현할 수 있다. 피그말리온처럼 엄청난 노력이 필요한 것도 아니다.

호랑이가 담배 피우던 시절의 이야기를 듣고 자란 우리에게 요즘 세상은 놀라움의 연속이다. 고도의 기술이 상상 속에서나 존재하던 세상을 우리 눈앞에서 재현한다. 우리는 그러한 첨단의 홍수 속에서 별다른 감흥 없이 순응하며 살고 있다. 과학기술은 어디에서나 다양한 방식으로 우리 삶과 관련되어 있다. 그런데도 뛰어난 기술의 이면에는 언제나 '사람을 위한'이라는 단서가 붙는다. 아이러니하게, 첨단 디지털 세상에서 감성이 살아있는 스토리텔링이 우선시 되는 것이다. 더욱더 인간적인 세상을 위해서라는 이유로….

평범한 사람들의 살아가는 이야기야말로 인간을 위한 사이버 세상의 원천에너지다.

가끔, 담배 피우는 호랑이와 대화하고 그들의 결혼식에도 참석해보는 건 어떨까. 우리가 인간임을 잊지 않도록.

지금은 2016년 봄이다.

뒤샹의 의자를 보다

하얀 목조 스툴 위에 올려진 자전거 바퀴 하나. 38개의 선은 움직이지 않는다. 다다이즘의 중심 마르셀 뒤샹의 〈자전거바퀴, 1913〉 라는 설치 예술품이다. 뒤샹은 소변기 등 기존의 물건을 전시장에 그대로 내놓는 '레디메이드ready made'라는 장르를 연 예술가이다. 오래전 미술관에서 자전거바퀴를 보고 어이없어했던 기억이 난다. 손으로 만든 것도 아니고 있던 자리에서 떼어내 가져다 놓고 예술작품이라고 하다니.

현대미술관에서 마르셀 뒤샹의 특별전이 열리고 있다. 포스터를 보니 역시 '자전거바퀴'다. 그런데 이제 바퀴가 아닌 의자에 시선이 잡힌다. 쉼의 상징인 의자, 열심히 달리던 바퀴도 이제는 그 위에서 쉬고 있는 것일까.

의자는 동서양을 막론하고 쉼과 지위를 뜻하는 이중성을 가진 사물이다. 어릴 적 하던 의자 뺏기 놀이. 둥그렇게 배치한 의자 주위를 돌다가 노래가 그치면 달려가 의자를 차지한다. 한 번의 자리 차지가 끝날 때마다 의자는 하나씩 줄어들고 결국 마지막 남은 의자를 차지한 단 한 사람이 승리하는 놀이다.

내가 겪은 세상이 그랬다. 대학입시가 그랬고, 취직해서도 또한 다르지 않았다. 시간이 갈수록 앉을 수 있는 자리의 숫자는 점점 줄어들었고 입사 동기들도 몇 남지 않게 되었다. 다만 생존의 훈장인 듯 의자는 조금 더 편안한 재질로 바뀌어 갔다. 더 올라가 앉기 버거워질 때쯤 나는 사표를 던졌다. 사실은 그 놀이에서 벗어나고 싶었다. 그러나 회사를 나와도 별반 달라진 것이 없었다. 마냥 서 있을 수 없는 사회, 노래가 그치면 의자를 부여안고 앉아야 산다. 다시 노래는 계속이다.

그러다 쉼의 의미가 있는 의자에 앉았다. 편안함에 몸을 온전히 맡긴다. 오래 앉아 있지는 못하겠지만 이 쉼의 의미와 느낌을 만끽하려고 한다. 혹시 일어나야 한다면 좀 더 편안한 마음으로 걷기를 자청하려 한다. 노래가 멈추었을 때 내가 앉을 의자가 없으면 어떠랴. 바닥에 앉으면 되지. 그런다고 죽는 것은 아니란 것을 뒤샹도 나도 알고 있는데.

망령필妄靈筆

건망증이다.

며칠 전 식당에 작은 메신저 백을 두고 나왔다. 뇌세포의 기능도 늙고 있는 것인지…. 그리 중요한 것이 없었기에 나중에 들르기로 하고 잊어버렸다. 그러다 문득 생각나 이틀 후에 찾으러 갔다. 아무도 본 사람이 없다는 주인의 말에 뭔가 중요한 물건이라도 잃은 듯 서운한 마음이 불쑥 든다. 곰곰이 속으로 헤아려보니 다른 것은 별로 아까운 것이 없다. 다만 그 안에 오랜 친구에게서 생일 선물로 받은 만년필이 떠올랐다. 많은 돈이 오는 계약서에 사인하고 부자 되라며 보내준 까만 뚜껑에 흰 눈 모양이 장식된 중후하면서도 심플한 디자인의 펜. 하지만 그럴만한 일도 없었고 그저 깨끗하게 나오는 선이 좋아서 실제로는 낙서할 때나 자주 쓰곤 했다. 요즈음에는 그저 작은 가방에 넣어두고 꺼낸 일도 없었는데 거의 새것인 만년필이 조금 아깝긴 하다.

만년을 쓸 수 있다는 만년필萬年筆. 영어의 샘물처럼 끊임없이 쓸 수 있다는 파운틴펜fountain pen에 비해서 중국다운 호방한 이름이다. 정말 만년을 사용할 수 있는 것인지. 이 무한 내구성의 만년필은 1970년대에는 중학교 입학 선물의 대명사였다. 나도 할머니로부터 만년필을 선물 받았다. 아버지의 섬유공장 안에서 재단하고 남은 파치 헝겊을 모아 사주신 것이라 의미가 컸다. 어린 나였지만 그 만년필을 각별하고 소중하게 썼다. 그러나 오래전 돌아가신 할머니의 흔적처럼 언제 어떻게 없어졌는지는 기억이 나지 않는다.

만년필이 빛을 발하는 순간.

처음 중학교에 들어가면 새로운 과목인 영어와 접하게 된다. 그때 사용하는 영어 알파벳 노트. 4줄의 가늘고 붉은 안내선 위에 검정 잉크를 먹인 펜으로 인쇄체와 필기체, 대문자와 소문자를 쓰는 노트다. 길이 들지 않은 석석한 새 만년필로 낯선 글자 모양을 흉내 내며 그릴 때의 촉감이 기억난다. 좋은 만년필은 처음부터 매끈하게 손이 만드는 길을 잘 따른다. 그때 나는 총명하다는 이야기도 꽤 들었다. 그런데 불과 40여 년을 쓰고는 형편없이 낡아버린 나, 망령필妄靈筆이 되어 가고 있는 것은 아닐까. 마크 트웨인의 "우리 중에서 만년필만큼 많은 미덕을 지니거나 만년필의 고집을 절반이라도 지닌 사람은 없다."라는 말이 무색하게 미덕도 고집도 무뎌진 채 나는 조금씩 중년의 끝을 향해 걸어가고 있다.

다시 안개 속에서

길은 여전히 한 치 앞도 구분할 수 없다. 얼마나 더 가야 하는지는 이미 중요하지 않다. 주의를 교란하는 내비게이터와 오디오는 아예 꺼버렸다. 차 안에는 내 심장과 동조된 비상등의 똑딱이는 소리만 가득하다. 그 틈새로 내 숨소리가 공명한다. 긴장과 불안, 어서 이 지독한 안개에서 빨리 벗어나고 싶을 뿐이다.

차창에 부딪힌 안개가 서서히 옷을 벗는다. 멀리 송전탑의 희미한 윤곽이 조금씩 드러난다. 잔뜩 경직된 오른쪽 다리가 저려온다. 괜스레 커피를 너무 많이 마셨나. 갑자기 마비 풀린 감각들이 요동을 친다. 아직 차 세울 곳은 보이지 않는데 말이다.

산다는 것은 안개 속을 주행하는 것 같다. 적어도 내 경우는 그렇다. 급해진 마음에 액셀을 밟거나 경로를 이탈하면 어김없이 사고는 일어난다. 그저 조심하며 앞으로 갈 밖에는 선택이 없다.

운명 앞에서 대처하는 유형, 우연히 눈길을 끌어 읽은 글이다. 바꿀 수 없는 것을 바꾸려 하는 자세는 어리석음, 바꿀 수 있는 것을 바꾸지 않는 것을 나태. 바꿀 수 없는 것을 받아들이는 것은 평온. 바꿀 수 있는 것을 바꾸려고 함은 용기, 바꿀 수 있는 것인지 없는 것인지 구별하는 것은 지혜라고. 하지만 인생을 살다 보면 지혜가 없더라도 한 가지는 알게 된다. 운명은 바뀌지 않는다는 것을. 요행히 운명을 바꾸었다는 사람들을 보지만 그 역시 정해진 그의 운명이라는 생각을 지울 수 없다.

모든 사람이 성공하는 삶의 운명을 타고나지 않는다. 누구나 정해진 운명 안에서 행복할 수는 있을 것이다. 바뀌지 않는 운명을 인지하고 순응하면 평온만큼은 내 것으로 할 수 있을 텐데. 하지만 그 역시 말만큼 쉽지는 않다. 호락호락하지 않은 것이 인생살이가 아닌가.

따뜻했던 날씨가 갑자기 영하로 떨어지는 날 새벽, 두물머리로 향했다. 겨울이 오기 전 물안개에 잠긴 계절의 그림자를 카메라에 담기 위해서였다. 지독한 안개를 다시 만났다. 차가 강을 낀 도로로 들어서기 무섭게 자욱한 안개가 앞을 막아선다. 새벽길을 비추던 가로등이 뿌연 빛무리를 만들더니 하나둘 안개 속으로 사라진다. 속도를 줄이고 안개등의 스위치를 눌렀다. 노란 안개등은 파장이 길어서 안개 입자의 방해를 뚫고 조금 더 멀리 비출 수 있기에 그나마 작은 효과를 볼 수 있다. 비상등을 켜는데 라디오에서 들은 이야기 하나가 머릿속에 지나간다. 영국 고속도로에서 마주 오던 두 차의 운전자가 짙은 안개에 창밖으로 고개를 내밀고 주행하다가 서로 머리가 부딪쳐 죽는 사고가 있었다는. 이 웃지 못할 끔찍한 사건은 심한 안개를 만날 때마다 떠오르는 생각이다. 삶은 무리하지 말고 그저 순응하며 지긋이 지나가야 할 길이라는 것을.

마음을 단단히 동여매고 핸들을 움켜잡는다. 이럴 때는 보사노바가 제격이지. 경쾌한 리듬이 안개 입자를 흩뜨린다. 흔들리는 내 어깨너머로 아침이 밝아오고 있다.

작품 해설

■ 백선욱의 수필세계

지나간 시간의 모색과 삶이 진실에 베일 때

-수필집 「매직아워」를 중심으로

강미애 (평론가 · 수필가)

I

누구나 말할 수 없는, 혹은 말해서는 안 되는 크고 작은 비밀을 안고 산다. 비밀은 무의식의 욕망 가두리에서 들끓는 내면적 삶의 한 양태다. 그것은 내면의 무한한 침묵을 자양분 삼아 은밀하게 빛으로 넘치는 외재적 세계에 맞서 어둠으로 도생圖生을 꾀한다. 비밀은 그 본질에서 주인이 없고 익명적인 영역에 속한다. 그것은 출구가 닫힌 폐쇄 회로 속에서 떠도는 독백이고, 결코 실재의 세계로 나와서는 안 되는 유령의 머뭇거림이다. 어쩌면 내면에 안고 있는 비밀은 밖으로 드러난 공적인 부분과 평형을 이루면서 삶을 균형에 이르게 하는 것인지도 모른다. 비밀이 없는 사람이란 공허하고, 공허한 그만큼 별 매력이 없는 사람일 공산이 크다.

저자 백선욱은 월간문학 144회(2017년) 신인상 수상으로 문단에 등단

했다. 글을 쓰는 동인들과 함께 오랫동안 문학수업을 하며 성실한 습작기를 거친 문력의 작가다. 등단 이후 각종 문예지 및 언론에 좋은 작품으로 시선을 끌다가 이번에 첫 수필집 『매직아워』를 상재하게 되었다. 등단 6년 만의 결실이다.

수필창작 강의실에서 처음 만난 그는 담배 냄새가 짙게 배어 있었다. 담배를 피우는 사람은 자신과 그 주변 사람들 사이에 '연기의 장막'을 펼친다. 흡연자는 그 장막 안에서 홀로 자신과 만나는데, 그것은 '세상과의 단절, 사회 및 문화의 질서와 관습으로부터의 일탈'을 의미한다. 더불어 담배를 피우는 사람에게는 멋진 삶을 산다는 아우라가 덧씌워진다. 하지만 나는 그에게 배어 있는 담배 냄새에 호의적이지 않았다. 그럼에도 어떤 삶의 비밀을 간직한 듯한 저자와 문우로서 인연을 맺은 세월이 10여 년이다.

이번 수필집은 그의 첫 작품집으로 그간 발표한 작품 50여 편을 모았다. 그의 작품을 읽으면 요란스럽지 않은 문장과 감동에 젖게 하는 비유적 수사법, 때론 유머 감각에 이끌려 읽기를 멈출 수 없다. 수필은 문장이란 말이 있다. 수필의 개성과 특징을 제대로 나타내는 말이다. 수필은 산문으로서 간결하고 유려하며 품위와 격조를 곁들인 문장이라야 그 진미를 제대로 느낄 수 있다. 문장이 유려하다고 해서 지나치게 수사적 치장에 빠져서도 안되고 격조를 지닌다 하여 지나치게 근엄해서도 안된다. 거기엔 지식과 정보가 있는가 하면 유머와 위트, 또는 해학이 깃들어 스스로 지성을 호흡하는 긍지를 가지면서 슬며시 돌아서서 또는 혼자 미소 짓는 글이어야 한다. 그의 글이 그렇다.

Ⅱ

하나의 문장은 스토리(서사)와 수식(표현), 설명, 대화 등으로 이루어진다. 스토리는 산문에 있어서 없어서는 안 될 요소다. 특히 수필은 자기 체험의 고백을 필요로 하는데 오늘날 우리 수필은 지나치게 소재주의에 빠져 줄거리를 길게 늘어놓음으로써 문제성을 띠고 있다. 또한 자기 체험을 고백하되 누구나 쉬이 겪고 이미 잘 아는 값싼 체험을 형상화(구체화) 시키지 못한 채 지나치게 설명을 가함으로써 감동을 주지 못하고 있는 것이다.

수필의 자기 고백에는 포괄적인 고백보다 자상한 리얼성을 필요로 한다. 자기 가족, 직업, 추억 등 일상생활에서 경험하는 일은 물론 내밀한 심리적 현상까지도 고백되어야 한다. 알베르 카뮈는 '수필은 정서를 기반으로 한 신비의 이미지'라고 했다. 값진 체험을 진지하게 고백하되 서정과 지성의 신비가 겸비되어야 한다는 원칙에 충실하여 지나치게 정감이 흘러넘치거나 경직된 논리로 일관하지 않고 적당한 지식과 정보에 적당한 서정을 가함으로써 거부감 없이 읽히는 글을 써야 한다.

그런 점에서 그의 이번 수필집 『매직아워』의 표현기법과 특징을 몇 가지로 요약해보면 첫째, 그는 묘사에 뛰어난 역량을 보여주고 있다. 특히 도입부의 수식과 결말의 비유가 명문이다. 문장에 있어서 구성을 무시할 수 없다. 수필은 일반 논문과 같이 서론, 본론, 결론의 3단계의 구성으로 그 논리성과 개연성을 전개하는가 하면 때로는 기승전결의 4단계 구성으로 전轉이라는 반전의 기법을 더한다. 그는 4단계 구성에 어색함이 없고 개연성이 확연하며 상황묘사가 사실적이다. 둘째, 그의 문장은 탄탄하고 견고하다. 수필은 문장의 문학으로 간결성과 참신성, 솔직성을 생명으로 한다. 그의 문장은 이러한 패러다임에 크게 벗어남이 없다. 또한 문장과 문장 사이의 연결에 지나친 접속사를 쓰지 않고도 반전의 묘를 기하고 있다. 주제에 맞는 고사성어나 전문용어를 적절하게 문장에 사용한다는 점도 장점이다. 셋째, 그의 문체는 생기롭고 유머 감각이 넘친다. 문체의 생기로움과 유머 감각은 수필에 꼭 필요한 부분이다. 수필의 본질은 형식의 자유, 체험적 자기 고백, 유머와 위트, 비평의식, 문체의 품위 등으로 볼 수 있는데 대부분의 수필은 문장이 진부하고 유머와 위트가 없다. 위트는 기지, 재치, 익살이란 뜻으로 풀이된다. 인간성 본래의 높이보다 위로 끌어 올리고 우월감과 진리를 암시하는 지적知的인 것이라 할 수 있다. 그런 점에서 그의 문장은 비유와 상징을 자유롭게 구사하고 때묻거나 상식화되지 않는 언어를 대담하게 표현함으로써 생동감을 준다.

백선욱의 수필집에는 「매직아워」「미완의 숲」「햇빛여행」「완주를 위하여」「초록여행」「푸른 기억」「바람새의 오월」「군복스타일에 관한 기억 연쇄」「꿈꾸는 샹송 인형」「인연을 생각하며」「위대한 그랜드포즈」 등 자신이 지나온 시간의 회상을 표현한 작품이 많다.

어머니와 가족에 대한 사랑과 헌신의 마음을 보여준 「위시본」「화자」「기억을 깁다」「어머니의 시계」「꽃이 있는 세상」「나는야 쇼콜라티에」 등은 저자의 따뜻한 심성과 배려가 드러나는 작품들이다.

위트와 유머를 표현한 작품들도 눈여겨 볼만하다. 「세심탕」「광식이 동생 광자」「노 시가랜드」「스파시바」「화동火童이, 하동夏凍이」「어제는 격파왕」 등은 자신이 추구하는 가치와 세상에 대한 관조를 보여준다.

그의 작품세계를 실제 작품을 통해 살펴보기로 한다.
「햇빛여행」에서 저자는 오랜만에 아버지가 계신 선산을 찾아간다. 주말 아침의 서해안 고속도로는 정체가 심하지만 마음은 여유롭다. 창문을 열고 달려드는 갯바람에 그는 잊고 지냈던 아버지의 냄새를 떠올린다. 그리고 상념에 젖는다. 하얀 사기병에 날아갈 듯 파란 범선이 그려져 있는 올드스파이스 스킨. 면도 후의 꺼끌꺼끌한 턱을 어린 자신의 볼에 비빌 때 뺨에 은은하게 묻어있는 향기는 어른 남자의 믿음직하고 편안한 느낌이었다고 회상한다. 선산에 도착하여 묘소에 앉아 내려다보니 소나무 숲 아래로 펼쳐진 저수지가 수묵화처럼 다가온다.

아버지의 향기와 함께 바다로 숨은 해의 궤적을 쫓았던 여행이었다. 남으로 북으로 동으로 다시 서로. 이틀의 빡빡한 일정과 작은 깨우침. 우연이든 필연이든, 작건 크건, 여행에서는 늘 어떤 한계상황과 마주친다. 그럴 때마다 극복의 지혜를 체득하거나 포기나 실패를 통해서라도 깨달음은 얻는다.

작은 난관을 넘어 돌아온 지금, 다시 긴 여정의 여행에 도전하고 싶은 의지가 새록히 일어난다. 더 이상 여행 후유증에 대한 두려움도 없다. 커튼 사이로 들어온 아침 햇빛이 물이 반쯤 담긴 컵을 투과하며 방안에 너울을 만든다. 아버지 자전거 안장 앞 작은 보조 의자에 앉아 있던 어린 시절의 그날처럼 의자에 편안히 몸을 맡긴다. 감은 눈에 눈부신 햇살이 닿아 온 세상이 하얗다. 아침의 고요 속에서 한동안 어깨에 머물던 아버지의 손길과 익숙한 올드스파이스 향기가 아스라이 사라지고 있다.

_「햇빛여행」

인생에도 매직아워가 있다. 인생에서 가장 아름답고 행복한 시간, 꿈을 만지며 그것이 실체화되는 것을 실감하는 시간이다. 그 순간은 짧아서 당시에는 좀처럼 알아채기 힘들다. 이루고 얻은 것에 대해서도 당연히 만족을 모르고 지냈다고 저자는 고백한다. 당장 눈앞의 삶에 묻혀 앞만 보고 달려가느라 나를 되돌아볼 여유가 없었다고.

요즘에는 나름대로 의미 있는 시간을 보내고자 애쓰고 있다. 반짝이던 순간들의 추억에 비길 만큼 만족스러운 성취감과 보람을 맛보는 중이다. 작은 일이지만 지역홍보를 위한 글을 쓰거나 사진을 찍는다. 행복은 일상의 걸음걸음 안에 있다. 지금 하는 일, 지금 곁에 있는 사람들 그리고 지금 주어진 삶에 만족하는 것이 중요하다. 내가 만드는 작은 것이 소중하다는 생각이 들 때 내가 사는 세상은 진정으로 나의 것이 되는 순간이 아닐까. 예전에는 알지 못했다. 매직아워를 좇던 순간들이 인생에서 마술 같은 시간이었다는 것을.

_「매직아워」

「완주를 위하여」. 젊은 나이에 죽음을 경험하고 삶을 견뎌낸 저자는 몸도 지탱할 만하고, 사업이 승승장구하자 어느 날, 이대로 모든 것이 멈추었으면 좋겠다고 생각한다. 자신을 아는, 자신을 사랑하는 모든 이들의 기억에서 자신의 생에 가장 행복한 상태에서…. 그 순간, 붉은색 등이 켜졌다. 그리고 서서히 점멸하며 꺼지기 시작했다. 죽음 앞에서 끝까지 당당할 수 있기를 그는 소망했다. 살아있는 동안 지극히 행복했노라고 말할 수 있기를 간절히 바랐다. 죽음에 직면해 본 사람은, 살아서 무언가를 할 수 있다는 것이 얼마나 놀라운 일이며 감사한 일인지 잘 알고 있을 것이다. 저자 역시 그러했다.

한 줄기 강렬한 빛이 존재의 가치를 드높이는 경우를 가끔 본다. 기울어가는 하루의 끝에 걸린 한 줄기 빛일지언정 그것이 가진 마지막 힘은 강렬하다. 삶도 그러하지 않을까 싶다. 처음과 끝이 있기에 존재의 가치가 드러나는 것이며 그 여정의 목적은 분명하게 존재한다. 삶의 기운을 잃어가는 순간이라도 빛에 대한 소망만 있다면 우리는 후회 없이 남은 여정을 빛으로 밝힐 수 있을 것이다. 이제 속도에 대한 나의 열망은 무조건 달리는 것만을 의미하지 않는다. 운명이라는 골진 도로를 달리다 돌아보니, 제어하지 못하는 상황만큼 위험한 것이 없었다. 불완전한 질주보다는 삶의 완주를 위한 완벽한 제어가 필요하다.내 삶에 다시 파란색 등이 켜졌다. 질주를 향한 본능이 온 신경을 타고 흐른다. 하지만 서두르지 않을 것이다. 온유한 회광반조回光返照의 에너지를 향유하기 위하여.

_「완주를 위하여」

퇴근길, 저자는 달 없는 캄캄한 골목길을 혼자 걷는다. 얼기설기 지나는 전깃줄 위로 옅은 바람이 지나간다. 피곤한 몸을 이끌고 집에 도착하면 하루를 무사히 끝냈다는 안도감에 긴장이 풀린다. 요즈음은 매일 눈을 뜨는 일과 눈을 감는 일조차 버겁다. 지금 무슨 생각을 하고 있는지. 어디에 서

있는지. 스멀대며 고독감이 밀려온다.

외로움은 감정의 거대한 구멍이다. 수시로 달려드는 절박과 공허, 메워지지 않는 갈급증. 감전된 혀끝의 저리고 싸한 느낌이 좁은 가슴을 관통한다. 가끔, 주변 사람들에게 외로움을 토로할 때가 있다. 그들은 한결같이 관조의 얼굴을 지으며 세상 이치를 말해준다. 인생은 누구나 외로운 거라고. 너만 그런 것이 아니라고. 그는 절대 위로가 되지 않는 이야기라고 자조한다.

확실히 나이 들어갈수록 외로움과 마주할 기회가 많아졌다. 이 세상에 홀로 왔다가 홀로 가는 것이 인간의 숙명이라면 외로움에 파묻혀 신음하고, 몸부림치기보다는 외로움과 정면 승부하고 그 속에서 나름의 해결방법을 찾아야 한다. 외로움Loneliness을 고독력Solitude으로 승화시키는 자만이 '나 홀로 인생'과 당당히 맞설 자격이 있기 때문이다. 황동규 시인은 '버클리풍의 사랑노래'란 시집에서 '홀로움'이란 신조어를 선보였다. '홀로'와 '즐거움'을 합성한 말이다. 시인은 '홀로움'이라는 단어를 '외로움을 통한 혼자 있음의 환희'라고 설명한다. 외로움이라는 감정의 재료를 잘 숙성시켜 향기 나는 인격체로 거듭나게 할 것이냐, 외로움 속에서 허우적대며 자신이 파놓은 미로에 갇혀서 스스로를 자폐와 고립의 궁지로 내몰 것이냐는 결국 나에게 달려 있는지도 모르겠다. 대부분 문제의 해결은 고르디우스의 매듭 풀기처럼 의외로 쉬운 일인지도 모를 텐데. 이제는 포기하고 조금이라도 감정을 완충시킬 숨구멍만 찾을 뿐이다.

_「매듭 자르기」

모든 사람이 성공하는 삶의 운명을 타고나지 않는다. 누구나 정해진 운명 안에서 행복할 수는 있을 것이다. 바뀌지 않는 운명을 인지하고 순응하면 평온만큼은 내 것으로 할 수 있을 텐데. 하지만 그 역시 말만큼 쉽지는 않다. 호락호락하지 않은 것이 인생살이가 아닌가.

산다는 것은 안개 속을 주행하는 것 같다. 적어도 내 경우는 그렇다. 급해진 마음에 액셀을 못해 경로를 이탈하면 어김없이 사고는 일어난다. 그저 조심하며 앞으로 갈 밖에는 선택이 없다.

운명 앞에서 대처하는 유형, 우연히 눈길을 끌어 읽은 글이다. 바꿀 수 없는 것을 바꾸려 하는 자세는 어리석음, 바꿀 수 있는 것을 바꾸지 않는 것을 나태. 바꿀 수 없는 것을 받아들이는 것은 평온. 바꿀 수 있는 것을 바꾸려고 함은 용기, 바꿀 수 있는 것인지 없는 것인지 구별하는 것은 지혜라고. 하지만 인생을 살다 보면 지혜가 없더라도 한 가지는 알게 된다. 운명은 바뀌지 않는다는 것을. 요행히 운명을 바꾸었다는 사람들을 보지만 그 역시 정해진 그의 운명이라는 생각을 지울 수 없다.

_「다시 안개 속에서」

저자는 한때 인연이었던 사랑하는 여인들에 대한 기억도 오롯이 간직하고 있다. 그 순간도 마법의 순간이었으니. 우리 마음은 사랑의 '순간 증폭'이 끝난 뒤에도 헛되이 그 끝을 유예시킨다. 우리가 '사랑'이라고 인식하는 실체는 실은 이미 흘러간 사랑이다. 사랑이 지나간 뒤 사랑을 알아차리는 것이다. 흘러간 사랑은 현재의 사랑이 아니라 과거의 사랑이다. 많은 연인은 과거의 사랑을 현재의 사랑이라고 착각하고 붙들고 있을 따름이다.

몇 해 전, 헤어졌던 옛 연인을 30년 만에 만났다. 다시 만난 순간 우리는 서로를 알아보지 못했다. 그녀는 여전히 아름다웠지만, 눈빛을 제외하고는 변하지 않은 것이 없다. 주문한 커피가 나오기 전에 나는 해묵은 사과부터 했다. 이별의 원인이 전적으로 나에게 있었기에…. 헤어지고 2년 정도가 지나면서 이미 나를 용서했다고 한다. 감정이 얼마나 희석이 되었는지는 잘 알 수 없지만, 역시 그녀답다. 커피가 식고 그동안의 응축된 이야기가 고갈되었을 때, 그녀는 그동안 간직해온 나의 사진과 편지들을 내주었다. 긴 세월 버리지 않은 이유를 물었다. 다른 사람의 소중한 추억을 내 마음대로 버릴 수는 없는 것 아닌가요. 그녀에게 커다란 봉투를 건네받았다. 시간이 더디게 지나갔다. 누가 뭐랄 것도 없이 혼자 집을 지키고 있을 서로의 노모를 핑계로 우리는 발길을 돌렸다. 짧지 않은 시간이었지만, 함께 했던 먼 과거의 기억 외에는 공유할 수 있는 것이 아무것도 없었다. 그보다는 앞으로 만남을 지속할 의지가 없었다는 게 솔직한 심정일지도 모르겠다. 그녀에게 주었던 너무나도 깊은 상처를 어떻게 보상해주어야 할지 자신이 없기도 했다.

_「바람새의 오월」

저자의 어머니에 대한 애틋한 마음이 엿보이는 작품도 눈에 띈다. 늦가을 저문 자리에 들어선 바람이 제법 차가운 12월의 첫 밤, 저자는 지난번에 우연히 들렀던 치킨집이 생각났다. 신장개업을 했는지 입구에 커다란 화분이 놓인 가게였다. 어머니가 그 가게의 후라이드치킨을 아주 맛있게 드셨다는 것을 생각해 냈다. 치킨을 구입하고 집에 도착해 식탁에 풀어 놓으니 모처럼 효자가 된 것 같아 으쓱해진 저자. 고소한 치킨에 기대가 담겨있는 어머니의 시선을 바라보며 일회용 장갑과 빈 접시, 뼈를 골라놓을 비닐과 콜라잔을 세팅한다. 어머니와 함께하는 소박한 식탁이다.

살짝 매운맛이 감도는 튀김옷이 입안에서 황홀하게 부스러진다. 날개 살은 부드럽고 쫄깃하다. 정말 이 집 치킨은 맛이 좋다. 역시 어머니의 기호는 탁월하다. 몇 조각을 먹다 보니 치킨 목 부분의 Y자형 뼈가 손에 잡힌다. 위시본WISHBONE이다. 두 사람이 뼈의 양쪽을 나눠 잡고 각자 소원을 빈 후 힘을 주어 당기면 하나만 남는데, '위시본'이란 길게 남은 쪽의 기원이 이뤄진다는 속설에서 생긴 이름이다.

예전에 가끔 위시본에 소원을 빌어 본 적이 있다. 하지만 무엇을 소원했는지 기억나지도 않고, 같이 소원을 빌었던 사람들도 지금은 내 곁에 없다. 오늘은 지금의 My sweet lady, 어머니에게 뼈의 한쪽을 쥐여 주며 소원을 빌어 보라고 주문했다. 나도 한쪽을 잡고 소원을 빈다. 어머니의 모든 소원이 이루어지기를 기원하며 손에 힘을 준다, 저런, 내가 잡은 쪽이 길다. 어머니에게 무엇을 기원했냐고 물었다. 어머니의 소원은 내가 바라는 대로 다 이루어지는 것이란다. 오랜만에 고소하고 맛있는 저녁 식사 시간이다. 소원과 소원이 꼬리를 물고 빙빙 돈다.

12월의 겨울밤이 포근하게 깊어 간다.

_「위시본」

저자의 어머니는 올해 94세이다. 한학자이며 문필가였던 외할아버지의 셋째 딸로 태어나 많은 사랑을 받았다고 한다. 하지만 열세 살 무렵, 작은 방에 살던 일하는 아주머니가 안방을 차지하며 새어머니가 되자 어머니의 행복한 삶도 끝이 난다. 새어머니의 구박과 핍박의 소녀시절, 천덕꾸러기로 보낸 서글픈 시간이라고 회상하는 어머니. 두런두런 어머니의 옛이야기가 시작된다. 신랑 얼굴도 모른 채 혼례를 올렸던 70년 전의 기억이 시간의 물길을 타고 흐른다. 그 모습을 바라보는 저자의 마음이 애잔하게 묻어난다.

언제가 될지는 모르지만, 어머니는 그 기억들을 안고 우리 곁을 떠나실 것이다. 어쩌면 어머니를 인터뷰하고 있는 것은, 내게 남겨질 어머니의 추억을 붙들고 싶어서인지도 모르겠다. 일생을 자신을 위해서는 아무것도 한 일이 없으셨던 어머니. 푸석거리며 으깨진 마음도 조각을 맞추며 살아내셨다. 너덜너덜 헐어 버린 가슴을 부여잡고 아픈 호흡을 하시는 것은, 무엇보다도 힘들었을 절망적인 순간에도 삶을 절대로 놓을 수 없었던 어머니의 기억 때문은 아닐까. 수많은 인연의 끈은 결국 기억이라는 흔적으로 남겨지나 보다. 미로의 중간에서 아리아드네의 실을 놓쳐버려 길을 잃은 기분이다.

만남과 연분의 불가사의. 젊어 꽃다운 날 두 분은 어떤 사랑을 꿈꾸었는지 궁금하다. 크고 너그러운, 혹은 인내와 고통을 품속으로 거둬들이는 겸허의 사랑은 아니었는지.

서천의 아버지 묘소에 다녀와야겠다. 가난했던 청년시절, 가정을 꾸리고, 아내와 자식들을 위해 살아내던 시간들 그리고 어머니와의 인연을 아버지는 어떻게 기억하고 계시는지 술 한 잔 올리며 묻고 싶다.

_「기억을 깁다」

형제에 대한 애정도 각별하다. 추석이 가까워지자 저자는 코로나 때문에 귀국하지 못하는 가족들이 생각난다. 백신 접종도 완료했겠다 가족들이 모두 모이면 좋을 텐데. 아무래도 찾아올 가족이 몇 안 되는 스산한 명절이 될 것 같다. 긴 연휴를 노모와 단둘이 보낼 생각을 하니 우울한 기분이다. 그러다 문득 자신이 조감독일 때 촬영장에서 만들던 초콜릿이 생각난 저자. 인터넷으로 필요한 재료를 검색하고 몇 가지를 주문했다. 직접 만든 수제 초콜릿을 누이와 조카들에게 선물하고 싶어서다.

초콜릿의 달콤한 향기가 어머니의 후각을 자극했나 보다. 조용히 휠체어를 밀고 주방으로 들어오시더니 식탁 위에 놓인 초콜릿에 시선이 멈춘다. 무엇을 만들고 있는지 묻는다. 초콜릿이라고 했더니 슬그머니 손을 내민다. 평소 단 음식을 잘 드시지 않는데 아들이 만든 수제 초콜릿이 궁금하신 모양이다. 한 조각을 어머니 손에 올려드렸다. 공들여 만든 파베 초콜릿 하나를 입에 넣고 살짝 깨문다. 입안에 퍼지는 달콤한 부드러움. 절제된 단맛이 촉촉하고 쫀득한 식감과 버무려져 진한 여운을 남긴다. 트레비앙!

행복한 기분이 살살 녹아 스미는 초콜릿 빛 밤이다.

_「나는야 쇼콜라티에」

세상의 아름다움에 눈이 지쳐 지겨울 때가 있다. 그럴 때면 저자는 어릴 적 살던 혜화동 파란 대문집을 생각한다. 어머니 손을 잡고 유치원에서 돌아올 무렵이면 따뜻한 햇살 아래에서 꽃을 손질하던 할머니. 하얀 햇살을 튕기며 섬세한 선을 그려내던 할머니의 현란한 가위 사위가 화단에 머문 날에는 식탁 화병에 꽃이 한 아름 피어난다. 복잡한 상념도 싹둑 잘려 나갈 것 같은 경쾌한 금속성의 가위 소리와 오후 내내 주위를 맴도는 비릿한 풋내는 늦은 봄, 한낮의 아름다운 선물이다. 지난 시간은 누구나 안타깝고 애절하다.

우리 육 남매는 어느새 중년을 넘기고 있다.

어린 시절의 할머니 나이에 가까워져 간다. 누나의 주름진 눈가와 젊음을 보내버리고 있는 동생들의 얼굴을 보면서 애잔함이 가슴에 차오른다. 문득 누나에게 꽃을 선물해야겠다는 생각이 들었다. 꽃다발을 안겨주고 환하게 웃어주고 싶었다.

_「꽃이 있는 세상」

화무십일홍花無十日紅이라던가. 세상을 일찍 떠난 누이를 떠올린 저자는 누이의 삶이 꽃과 닮았다고 생각한다. 인생의 한 계절도 제대로 지내지 못하고 져버렸으니.

나의 큰 누이, 그녀의 이름은 화자花子다.

일본식 이름이라 백白씨 성까지 붙이면 술 이름이 생각나기도 하고 예스럽기 그지없다. 실제로도 그녀는 꽃처럼 예뻤다. 하얀 피부와 긴 머리는 그녀의 고운 이미지와 잘 어울렸다.

3살 터울의 7남매. 아버지는 사업체가 커지자 집에 머무는 시간이 거의 없었다. 당연히 함께 지내는 시간이 적었다. 온 가족이 모여 밥 한 끼 먹는 일도 쉽지 않았다. 결국 어머니 혼자 줄줄이 7남매를 돌봐야 했다. 7남매의 첫째, 큰누이는 단발머리 여고생이었지만 맏이로서의 의젓함과 위엄으로 동생들을 건사하기 시작했다. 우리는 아무 저항 없이 순종했다.

_「화자」

그는 때로 허를 찌르는 촌철살인의 명문장을 구사해 읽는 즐거움을 주고 있다. 유머는 해악과 익살스러운 면이 있다. 유머 있는 사람은 같은 말을 옮길 때도 재미와 웃음을 준다. 위트는 대화 도중 남의 의표를 찌르는 결정적인 말이나 재치가 있는 말을 하는 능력이다. 저자는 수필에서 누구보다 빛나는 재능을 가졌다.

"그니까 괜찮은께 목욕하라고."

…라고는 반말인데, 야 너 몇 살이야. 내놓을 수 없는 소리는 입속에서만 불어터진다. 하는 수 없이 다시 탕에 몸을 맡겼다. 새삼 물이 뜨겁다. 눈을 감았다. 요즘 세상에 이게 무슨 일인가. 죽기 살기로 한번 객기를 부려. 아니다. 문제 만들 필요는 없지. 조용히 시간을 보내자.

몸도 닦고 마음도 닦고…. 세신洗身에 세심洗心이렸다. 이런, 바로 옆의 사내와 어깨가 맞닿는다. 남의 맨살이 닿는 느낌에 소스라쳐 몸을 움츠린다. 범고래들 속에 낀 보리새우마냥 갑자기 내 신세가 처량하다. 물도 뜨겁고 이제는 탕에서 나가야 하는데…. 결정 장애에 빠졌다. 고민하다가 눈을 떴다. 오호라 이 장면은 뭔가. 빈모 사내의 주변에는 아무도 앉지 않아 혼자인데, 나를 중심으로 어깨들이 죽 앉아있는 모양새가 마치 내가 조직의 보스 같은 그림이다. 다시 눈을 감고 뜨거움과 싸우려는데 갑자기 호기가 일어선다. 에라, 모르겠다. 나도 이용의 '잊혀진 계절'이다.

_「세심탕」

38년의 세월은 그의 몸을 1.5배쯤 불려놓고 그 대가로 앞 머리카락 3분의 1을 가져갔다. 너 그 아이와 결혼했냐. 자리에 앉기도 전에 J의 소식을 묻는다. J…. 어딘가에 풀어놓았던 기억의 끈이 팽팽해진다.

_「푸른기억」

그 외 색다른 표현 방식과 발상을 소재로, 자신을 상상의 세계로 이끄는 여행안내자로 소개하며 그동안 하고 싶고, 가고 싶고, 보고 싶었던 일들을 머릿속에 그려보라는 「여행 안내자」, 아름다운 목소리의 작은 새 나이팅게일이 어린 여왕의 귀에 속삭여주는 동화를 소재로 쓴 「귀를 기울이면」, 열등하다고 여겨온 작고 보잘것없는 생명체, 자신을 변화시켜 가장 낮은 곳에서도 살아갈 수 있는 적극적인 생존 방법을 터득한 푸른민달팽이를 통해 세월과 아집이 만든 견고한 선입견은 점차 거추장스러운 애물단지가 되어 자신의 내부에서 양보도 없이 웅크리고 있음을 깨달았다는 「푸른민달팽이, 그리고」 등은 깊은 여운을 남기는 작품들이다. 여행, 영화, 예술에 관한 주제의 「군복스타일에 관한 기억 연쇄」「생각보다 가까운 거리에서」「스파시바」「몬더그린」「뒤상의 의자를 보다」「이천오백년 후의 대답」 등도 인상 깊다.

Ⅲ

그의 수필 세계는 사랑과 사람, 삶에 관한 다양한 시선을 보여준다. 이미 상식화되고 낡은 것의 차용이 아닌 낯설고 길들여지지 않는 참신함으로 부단히 창조하고 있다. 담론 일변도에 젖은 우리 수필의 함정에서 벗어나 문학성 있는 순수 수필에의 신선함을 보여주고 있는 것이다.

수필은 일상생활에서 순간순간 얻는 경이와 충격을 남다른 감수성으로 발견하고 그것을 유머와 위트있게 표현하는 짧은 형식의 산문이다. 일상에서 잘못하면 놓치거나 예사로 여길 수밖에 없는 '틈새', 뿌리나 줄기보다 가볍게 스치는 한 줄기 그윽한 '향기'가 그것이다.

우리 삶에 있어 반드시 크고 대단한 것만이 중요한 것은 아니다. 하찮고 가볍고 작으면서도 결코 소홀히 해서는 안되는 요긴함과 아름다움을 찾아내는 것이 수필이라고 할 수 있다. 그러므로 수필은 거창하지 않고 심오하지 않으며 평가하기 쉬워도 쓰기는 어려운 글이다. 그렇다고 별로 아는 것도 체험한 것도 없으면서 붓 가는 대로 아무렇게나 써서도 안된다. 지식과 지성의 배경이 있고 글 속에서 알곡의 이삭을 줍거나 신선한 샘물을 발견하는 섬세하고 잔잔하며 다양한 박식을 요구한다.

지난날의 수필은 창작성보다 산문성(담론)이 짙어 순수문학으로서의 그 위치가 애매하였지만 이제는 창작문학으로서의 위치를 공고히 하고 있다. 시나 소설 등 다른 장르가 과거의 서정적 감동에서 지적知的 긴장이나 정보에 비중을 두는 것과 같이 수필도 비유, 상상, 상징 등의 수사적 표현기법을 강화 구사함으로써 새로운 면모로 변신하고 있는 것이다. 그런 점에서 백선욱의 수필집 『매직아워』에 수록된 작품들은 칭찬할 만하다.

그의 문장은 간결하면서도 유창하다. 수필의 문장은 간결이 생명인데 지나치게 간결하면 건조한 정감에 빠지기 쉽다. 그런데 저자는 서두나 요소요소에 수식구를 구사함으로써 딱딱함을 면케 하고 있다. 뿐만 아니라 주제에 적합한 용어와 서술, 객관적인 개연성에 충실하므로 읽기에 재미를 더해준다. 또한 해박한 상식과 지식으로 자간, 행간 또는 문단에서 쉬어 갈 수 있는 여유를 갖게 하는 것도 장점이라 하겠다.

이번 첫 수필집은 저자의 앞날이 무성할 것으로 보여주는 징조로 기대하는 바가 크다. 앞으로도 문학적 창작수필에 더욱 역량을 기울였으면 한다.

Magic Hour

매직아워

초판 발행일 2023년 6월 25일

지은이 백선욱
발행인 김미희
펴낸곳 몽트

편집 강미애
표지 백선욱

등록 2012. 12. 20 제 2014-0000-38호
주소 안산시 상록구 화랑로 513
전화 031-501-2322 팩스 031-501-2321
메일 memento33@menthebooks.com

값 15,000원
ISBN 978-89-6989-086-3 03810